宁夏固原博物馆

融汇中西的丝路遗风

丝路物语 书系

主编 李炳武

马建军 冯海英 著

西安出版社

图书在版编目（CIP）数据

融汇中西的丝路遗风：宁夏固原博物馆 / 李炳武主编. —— 西安：西安出版社，2020.12（2024.4重印）
ISBN 978-7-5541-5097-9

Ⅰ.①融… Ⅱ.①李… Ⅲ.①丝绸之路－历史文物－介绍－固原 Ⅳ.①K872.433

中国版本图书馆CIP数据核字(2020)第248800号

融汇中西的丝路遗风

宁夏固原博物馆

RONGHUI ZHONGXI DE SILU YIFENG
NINGXIA GUYUAN BOWUGUAN

出 版 人：	屈炳耀
主　　编：	李炳武
著　　者：	马建军　冯海英
策划编辑：	李宗保　张正原
项目统筹：	张正原
责任编辑：	王　娟
美术编辑：	李南江
责任校对：	卜　源
责任印制：	尹　苗
出版发行：	西安出版社
社　　址：	西安市曲江新区雁南五路1868号影视演艺大厦11层
电　　话：	（029）85253740
邮政编码：	710061

印　　刷：	三河市华东印刷有限公司
开　　本：	787mm×1092mm　1/16
印　　张：	14
字　　数：	152千
版　　次：	2020年12月第1版
印　　次：	2024年4月第2次印刷
书　　号：	ISBN 978-7-5541-5097-9
定　　价：	78.00元

如有印刷、装订问题，本社负责另换。

序一

阅读文物 拥抱文明

郑欣淼

文物所折射出的恒久魅力,已为越来越多的人所认识。今天呈现在读者面前的这部"丝路物语"书系,就是这一魅力的具体体现。

"让收藏在博物馆里的文物、陈列在广阔大地上的遗产、书写在古籍里的文字都活起来。"(习近平语)党的十八大以来,习近平总书记担负着实现中华民族伟大复兴的历史重任,饱含着对传统文化的深厚感情,让文物活起来始终为其所关注、所思考。让文物活起来,就是深入挖掘文物的内涵,充分发挥文物的作用。中国文物是中华民族的文明印记和精神标识,是全体中国人乃至全人类的珍贵财富;它对于激发人民群众对中华优秀传统文化的了解、认同和热爱,坚定文化自信,汇聚发展力量等作用是不言而喻的。

近年来,一些优秀的文物类书籍、综艺节目、纪录片、文化创意产品等不断涌现,文化遗产元素成为国家外交的桥梁,文物逐渐成为"网红"并受到越来越多年轻人的青睐,这些都充分彰显着"让文物活起来"已逐渐从理念转化为行动,那些在历史长河中积淀下来的文物珍存正在不断走近百姓、融入时代、面向世界。

说到文物,不能不把眼光聚焦于丝绸之路。人类社会交往的渴望推动了世界文明间的相互交融和渗透,中华文明与亚、欧、非三大洲的古代文明很早就发生接触,相互影响,相互交流。直到1877年,德国地理学家李希霍芬在他的著作《中国——我的旅行成果》里首次提出了"丝绸之路"的概念。近半个世纪以来,随着丝绸之路考古发现和学术研究的不断深入,极大地开阔了人们的视野。特别是"一带一路"倡议的全面推进,丝绸之路研究更成为国际显学。在古代文明交流史上,丝绸之路无疑是极其璀璨的一笔。它承载着千年古史,编织着四方文明。也正因为丝绸之路无与伦比的历史积淀,形成了独特的历史文化遗产,其数量之大、等级之高、类型之丰富、序列之完整、影响之深远,都是世所公认的。神秘悠远的古代城址、波澜壮阔的长城关隘烽燧遗址、精美绝伦的艺术品、气势磅礴的帝王陵墓、灿若星辰的宫观寺庙、瑰丽壮美的石窟寺……数不清道不尽的文物珍宝,足以使任何参观者流连忘返,叹为观止。2014年,"丝绸之路:长安—天山廊道的路网"成功跻身《世界文化遗产名录》,使丝绸之路迎来了新的历史机遇,也对广大文化文物工作者提出了新的要求。

"让文物说话,把历史智慧告诉人们。"这是习近平总书记的谆谆嘱托。中华文化优雅如斯,如何让文物说话,飞入寻常百姓家,是当下无数文化界人士亟待攻坚的课题,亦是他们光荣的使命。客观来讲,丝绸之路方面的论著硕果累累,但从一般读者角度,特别是从当下文化与旅游结合角度着眼的作品不多，十分需要一套全面系统地介绍丝绸之路文物故事的读物。令人欣喜的是，西安出版社组织策划了这套颇具规模的"丝路物语"书系，并由李炳武先生担任主编，弥补了这一缺憾。李炳武先生曾经长期在文物文化领域工作，也主持过"中华国宝·陕西珍贵文物集成""长安学丛书"和《陕西文物旅游博览》等大型文物类图书的编纂工作，得到了业界的充分肯定；加之丛书的作者都是有专业素养的学者，从而保证了书稿的质量。

如何驾驭丝绸之路这样一个纵贯远古到当今、横贯地中海到华夏大地的话题，对于所有编写者来说，都是具有挑战性的。这套书的优点或者说特点，可以概括为以下几个方面：

这套书最大的一个优点，就是大而全。从宏观的视野、用简明的线条，对陆上丝绸之路的博物馆、大遗址进行了全景式梳理，精心遴选主要文物，这些国宝的历史、艺术和科学价值在字里行间一一呈现。

丝绸之路文化遗产类型丰富，作者在文中并没有局限于文物本身的解读，还根据文物的特点做了大量的知识拓展，包括服饰的流变、宗教的传播、马匹的驯化、葡萄等水果的东传、纸张的发明和不断改进、医学的发展、乐器、绘画、雕刻、建筑、织物、陶瓷等视觉艺术的交互影响，等等。其中既有交往的结果，也有战争的推动。总体而言，这些内容是讲述丝绸之路时所不可或缺的内容，使读者透过文物认识了丝绸之路丰富的文化内涵。

值得称道的是，这套书采取探索与普及相结合的方式，图文并茂，力求避免学究气的艰涩笔调，加入故事性、趣味性，使文字更具可读性，达到雅俗共赏的目的。通过图书这一载体，能够使读者静静地品味和欣赏这些文物，传达出对历史的沉思和感悟，完善自己对文物、丝绸之路和文化的认知。读过这套书后，相信读者都会开卷有益，收获多多，文物在我们眼中也将会是另一番面貌。

我们有幸正处于坚持以人民为中心的改革发展伟大时代，每一件文物，都维系着民族的精神，让文物活起来，定会深入人心、蔚为大观。此次李炳武先生请我写序，初颇踌躇，披卷读来，犹如一场旅行，神游历史时空之浩渺无垠，遐思华夏文化之博大精深。兼善天下，感物化人历来是每一个中国知识分子的精神所属，若序言能为一部作品锦上添花，得而为普及民众的文物保护意识起到促进作用，何乐而不为？

是为序。

·郑欣淼·
原中国文化部副部长、故宫博物院原院长、中华诗词学会会长、著名历史文化学者。

序二

丝路物语话沧桑

李炳武

2013年9月，中国国家主席习近平访问哈萨克斯坦时，在纳扎尔巴耶夫大学发表演讲，首次提出共同构建"丝绸之路经济带"的宏伟倡议。2014年6月，"丝绸之路：长安—天山廊道的路网"成功跻身《世界文化遗产名录》。

丝绸之路是世界上路线最长、影响最大的文化线路。丝绸之路是指起始于古代中国的政治、经济、文化中心——古都长安（今西安）连接亚洲、非洲和欧洲的古代陆上商业贸易路线。它跨越陇山山脉，穿过河西走廊，通过玉门关和阳关，抵达新疆，沿绿洲和帕米尔高原通过中亚、西亚和北非，最终抵达非洲和欧洲，向南延伸到印度次大陆。这条伟大的道路沟通了中国、印度、希腊三大文明，它是一条东方与西方之间经济、政治、文化进行交流的主要道路，促进了欧亚大陆不同国家、不同文明之间在商贸、宗教、文化以及民族等方面的交流与融合，为人类社会的共同发展和繁荣做出了卓越贡献。

公元前138年，使者张骞受汉武帝派遣从陇西出发，出使月氏。13年中，他的足迹踏遍天山南北和中亚、西亚各地。在随后的2000多年间，无数商贾、旅人沿着张骞的足迹，穿越驼铃叮当的沙漠、炊烟袅袅的草原、飞沙走石的戈壁,来往于各国之间,带来了印度、阿拉伯、波斯和欧洲的玻璃、红酒、马匹、宗教、科技和艺术,带走了中国的丝绸、漆器、瓷器和四大发明,举世闻名的丝绸之路渐渐形成。

用"丝绸之路"来形容古代中国与西方的文明交流,最早出自德国著名地理学家李希霍芬1877年所著的《中国——我的旅行成果》一书。由于这个命名贴切写实而又富有诗意,很快得到学术界的认可,并风靡世界。

近年来,丝绸之路迎来了新的历史机遇,沿丝绸之路寻访探秘的人络绎不绝。发展丝路经济,研究丝路文明,观赏丝路文物成了新时代的社会热潮。中央文化产业发展专项资金资助项目"丝路物语"书系,便应运而生。在本书和读者见面之际,作为长安学研究者、"丝路物语"书系的主编,就该书的选题范围、研究对象、编写特色及意义赘述于下:

"丝路物语"书系,以"丝绸之路:长安—天山廊道的路网"遗产及相关博物馆为选题范围。该遗产项目的线路跨度近5000公里,沿线包括了中心城镇遗迹、商贸城市、聚落遗迹、交通遗迹、宗教遗迹和关联遗迹五类代表性遗迹以及沿途丰富的特色地理环境。共计包括三个国家的33处遗产点,其中吉尔吉斯斯坦境内3处,哈萨克斯坦境内8处,中国境内22处。属丝绸之路东段的重要组成部分,在丝绸之路交通与交流体系中具有独特的起始地位和突出的代表性。它形成于公元前2世纪,兴盛于公元6至14世纪,沿用至16世纪,连接了东亚和中亚大陆上的中原地区、河西走廊、天山南北与七河地区四个地理区域，分布于今中华人民共和国、哈萨克斯坦共和国和吉尔吉斯斯坦共和国境内。沿线遗迹或壮观巍峨、或鬼斧神工、或华丽精美，见证了欧亚大陆在公元前2世纪至公元16世纪之间人类文明进步的重要阶段，以及在这段时间内多元文化并存的鲜明特色。

"丝路物语"书系，每册聚焦古丝绸之路上的一座博物馆、一处古遗址或一座石窟寺，力求立体全面地展示丝绸之路上的历史遗存、人文故事和风土人情。这是一套丝绸之路旅游观光的文化指南，从中可观赏到汉代桑蚕基地的鎏金铜蚕，饱览敦煌石窟飞天的婀娜多姿，聆听丝路古道上的声声驼铃。古丝绸之路是人类文明的宝贵遗产，记录着社会的沧桑巨变，这也是一部启封丝路文明的记忆之书。

"丝路物语"书系，以阐释文物为重点。文物是中华民族的精神标识。"让收藏在博物馆里的文物、陈列在广阔大地上的遗产、书写在古籍里的文字都活起来"。这对于激发人民群众对中华优秀传统文化的了解、认同和热爱，坚定文化自信，汇聚发展力量不可小觑。

文物是不可再生的国之珍宝，从中可折射出人类文明的恒久魅力。对文化的认同感与归属感应当成为一种生活状态。我们从梳理丝绸之路沿线博物馆馆藏文物、石窟寺或大遗址为契机，从文化的立场阐释文物的历史意义，每篇文章涵盖了文物信息的描述、历史背景的介绍、文物价值的分享和知识链接等板块，在聚焦视角上兼顾学术作品的思想层与通俗作品的故事层双重属性，清晰地再现文物从物质性到精神性的深层转变，着力探讨文物作为一种精神力量对历史的思考。用时空线索描绘丝绸之路的卓越风华，为读者梳理丝绸之路的文化影响，以文物揭示历史规律，彰显更深层、更本质的文化自信，激发读者的民族自豪感。"丝路物语"书系以文物为研究对象，从中甄选国宝菁华，讲述它们的前世今生。试图让读者从中感受始皇地下军团的烈烈秦风，惊叹西汉马踏匈奴的雄浑奔放，仰慕大唐《阙楼仪仗图》的盛世恢宏，这是一部积淀文化自信的启智之作。

"丝路物语"书系，以互动可读为特色。在大众传媒多元数字化的背景下，综合运用现代科技的引进更能推动文化传播的演变进入一个崭新的领域，相契于文字的解读，更透出传统文化的深邃意蕴。为多维度营造文化解读的可能性，吸引更多公众喜欢文物、阅读文物，"丝路物语"可谓设计精良，处处体现出反复构思、创新的态度。设计重点关注视觉交流的层面，借助丰富的图像资料和多媒体技术大幅强化传统文化元素可视、可听、可观的直接特征，有效提升文化遗产多维度的观感效果。古人著书立说重字画兼备，"宣物莫大于言，存形莫善于画"，所以由"图书"一词合称。本书系选用了大量专业文物图片，整体、局部、多角度展示，让读者在阅读文字之余通过精美的图片感受文化的震撼与感动，让读者更好地认知历史、感知经典，体验当代创新之趣。

"丝路物语"书系，以弘扬互利共赢的丝路精神为使命。"丝绸之路：长安—天山廊道的路网"在东亚古老的华夏文明中心和中亚历史悠久的区域性文明中心之间建立起长距离的交通联系,在游牧与定居、东亚与中亚等文明交流中具有重要意义,并见证了古代亚欧大陆人类文明与文化发展的主要脉络及若干重要历史阶段以及突出的多元文化特征,是人类进行长距离交通、商贸、文化、宗教、技术以及民族等方面长期交流与融合的文化线路杰出范例。

2000多年前,我们的先辈筚路蓝缕,穿越草原沙漠,开辟出联通亚欧非的陆上丝绸之路。这不仅是一条通商易货之道,更是一条文化交流之路。沿着古丝绸之路,中国将丝绸、瓷器、漆器、铁器传到西方,也为中国带来了胡椒、亚麻、香料、葡萄、石榴。沿着古丝绸之路,佛教、伊斯兰教及阿拉伯的天文、历法、医药传入中国,中国的四大发明、养蚕技术也由此传向世界。更为重要的是,商品和文化交流带来了观念创新。比如,佛教源自印度,在中国却发扬光大,在东南亚得到传承。儒家文化起源于中国,却受到欧洲莱布尼茨、伏尔泰等思想家的推崇。这是交流的魅力、互鉴的成果。这些各国不同的异质文化,犹如新鲜血液注入华夏文化肌体,使脉搏跳动更为雄健有力。古丝绸之路绵亘万里,延续千年,积淀了以和平合作、开放包容、互学互鉴、互利共赢为核心的丝路精神。

新时代、新丝路、新长安。2017年,习近平主席在"'一带一路'国际合作高峰论坛"上指出:古丝绸之路是人类文明的宝贵遗产。为让这些遗产、文物鲜活起来,西安出版社策划出版的"丝路物语"书系,承载着别样的期许与厚望,旨在以丝绸之路的隽永品格对话当代社会的文化建构,以高度的文化自觉唤醒当代社会的文化自信。

我们作为丝绸之路起点长安的文化工作者,更应该饱含对传统文化的深厚感情,自觉担负起实现中华民族伟大复兴的历史重任,充分运用长安学的最新研究成果,为保护、研究和传承人类文明的宝贵遗产尽心尽力,助推"一带一路"伟大事业的蓬勃发展。

精品力作是出版社的立身之本,亦是文化工作者的社会担当。"丝路物语"书系的出版,凝聚着众多写作和编辑人员的思考与汗水。借此,特别感谢郑欣淼部长的热情赐序;感谢策划人、西安出版社社长屈炳耀先生的睿智选题与热情相邀;感谢相关遗址、博物馆领导的支持和富有专业素养的学者和摄影人员的精心创作;更要感谢西安出版社副总编辑李宗保和编辑张正原认真负责、卓有成效的工作。

"丝路物语"书系的出版虽为刍荛之议、管窥之见,但西安出版社聆听时代声音、承担时代使命以及致力于激活文化遗产、传播中国声音的决心定将走向更远的未来。

是为序。

·李炳武·

陕西省文物局原副局长、陕西省文史馆原馆长、"长安学"创始人、陕西师范大学国际长安学研究院首任院长、三秦文化研究会会长、长安学研究中心主任、著名历史文化学者。

宁夏固原博物馆

■ 北朝·绿釉陶扁壶

054	青铜鎏金摇钱树　精湛的铸造工艺　精美的艺术造型
060	陶质货泉叠范　完整精美的钱范
066	一刀平五千　中国古代唯一的错金工艺钱币
070	绿釉陶扁壶　西域乐舞　翩跹灵动
074	北魏漆棺画　中西文化和南北地域文化融合体
084	北魏土房子模型　墓中房屋　全国仅有
094	北魏仵标墓志砖　书法艺术从篆隶向行楷转化中的标准魏体铭刻
100	梁阿广墓表　宁夏境内出土最早的墓志
106	田弘墓志　一生荣耀跃于石上
164	宋墓孝子故事砖雕　孝子故事　传承孝道
176	宋代大铁钟　千年佛钟　钟声悠扬
182	黑釉瓷瓶　『京兆府』里盛酒水
186	地震铭文砖和地震刻石　地震史料『双璧』
192	三关口筑路碑　弥足珍贵的八分书碑刻
200	重修固原城碑记拓片　平面呈『回』字形的宏伟城池

目录

001　开篇词

002　四孔玉器
　　形制独特的齐家文化之玉

010　铜鼎和铜簋
　　西周统治势力和文化逾越陇山的见证

016　透雕动物纹饰牌
　　"格里芬"神兽造型的生动显现

026　铜柄铁剑
　　铜铁合一的新型兵器

030　子母豹透雕青铜饰牌
　　母子相拥　舐犊情深

034　"上容大夫"铭文戈
　　私家定制　自用兵器

040　"朝那"铭文鼎
　　容积称重合于一体的计量器

046　镶松石金带饰及金花饰
　　汉代黄金装饰工艺的典型器物

112　鎏金银瓶
　　独一无二的丝路文化瑰宝

120　凸钉装饰玻璃碗
　　波斯萨珊玻璃器的典型代表

124　银装环首铁刀
　　外观华美　附耳悬系

128　李贤墓出土俑阵
　　北周威仪礼制的体现

136　嵌宝石金戒指
　　手指戒面上的舞者

140　萨珊金银币
　　丝路上流通的国际货币

148　蓝色宝石印章
　　饰以狮子与生命树的古波斯文印

152　金覆面
　　"面罩"之下见葬俗

158　镇墓武士俑
　　英俊潇洒的灵魂守护者

开篇词

丝路物语 宁夏固原博物馆

宁夏固原地处西北，曾经是扼守丝路的咽喉要冲，从秦皇汉武到成吉思汗，从戎、狄、匈奴到明将、清军，曾经有太多的人群轮番登上这里的舞台，留下了种种印记。宁夏固原博物馆是这里悠久历史和深邃区域文化的载体。这里的珍宝丰富多彩、璀璨瑰丽，独具特色，让我们窥见固原这片古老之地的不平凡经历。馆藏文物尤以春秋战国时期的青铜文化遗存，北朝隋唐时期的丝路文物最富特色。其中反映丝绸之路上中西文化交流的北魏漆棺画、北周鎏金银瓶和凸钉装饰玻璃碗为国之瑰宝，充分见证了融汇中西的丝路遗风。

四孔玉器
形制独特的齐家文化之玉

> 以玉作六器,礼天地四方,以苍璧礼天,以黄琮礼地,以青圭礼东方,以赤璋礼南方,以白琥礼西方,以玄璜礼北方。

古人讲,石之美者为玉。玉是一种自然矿物质原料,在历史发展的长河中,经过人的加工使用,被赋予了深厚的文化蕴意,从而形成了内涵丰富的玉文化,并成为中国传统文化的一个重要组成部分,深深地影响了古代中国人的思想观念。

中国是世界上用玉最早,且绵延时间最长的国家,素有"玉石之国"的美誉。玉器诞生于新石器时代早期,距今有七八千年的历史。新石器时代的黄山遗址、良渚文化、河姆渡文化、红山文化、齐家文化等出土了为数众多的玉器,显示出了玉器的强大功用。进入阶级社会以后,玉和政治、文化与艺术的发展有着密切的关联,极大地影响了中华民族世世代代的观

四孔玉器

长25.1厘米,宽17.5厘米
出土于宁夏隆德沙塘页河子新石器遗址

念和习俗，同时影响了历史上各朝各代的典章制度，产生了一系列和玉器相关的礼仪制度与人文精神。在道德品质方面，人们把玉本身具有的一些自然特性比附于人的道德品质，作为所谓"君子"应具有的德行而加以崇尚歌颂，创造性地给玉赋予了仁、义、智、勇、洁五德，即润泽以温，仁也；理自外可以知中，义也；其声舒扬远闻，智也；不挠不折，勇也；锐廉而不改，洁也。在政治功能方面，把玉器物化为等级制度的象征，形成"六瑞"而使用，规定不同地位的官员使用不同的玉器，"王执镇圭，公执桓圭，侯执信圭，伯执躬圭，子执谷璧，男执蒲璧"，其形制大小各异，以示爵位等级之差别。在礼仪功能方面，礼仪玉器一直占据中国古玉器的主流，"六器"是古代社会礼仪用玉的主干，"以玉作六器，礼天地四方。以苍璧礼天，以黄琮礼地，以青圭礼东方，以赤璋礼南方，以白琥礼西方，以玄璜礼北方"。在装饰功能方面，从新石器时代晚期开始，佩玉就成为一种时尚，古之君子必佩玉，君子无故，玉不离身，佩玉成为高洁和地位的象征。今天，人们给玉文化赋予了新的时代价值，它蕴含着"宁为玉碎"的爱国民族气节，"化干戈为玉帛"的团结友爱风尚，"润泽以温"的无私奉献品德，"瑕不掩瑜"的清正廉洁气魄。

　　这件四孔玉器，就是发现于宁夏固原地区的早期玉器。距今约5000年前的新石器时代，宁夏南部的固原是黄河上游人类生息繁衍的重要地区。这里存在着以"菜园遗存"为代表的具有鲜明地域特色的原始土著文化，其中隆德县沙塘页河子新石器遗址是重要的遗址之一，属固原新石器考古

玉琮

高19.7厘米，宽8.1厘米，内径6.4厘米
出土于宁夏隆德沙塘页河子新石器遗址

玉璧

一件通径15.3厘米，孔径5.1厘米
一件通径17.4厘米，孔径3.9厘米

的一次重要发现。该遗址的发掘，使固原新石器文化的面貌和序列更加清晰，同时也获得了一批重要的器物。其中出土的一件玉器器型独特，在本地区出土的众多新石器时代玉器中不曾见过，在全国范围内亦属罕见，经我国著名玉器研究专家杨伯达先生确认，该器型没有固定的名称可循，遂依据其形制特征定名为"四孔玉器"。

四孔玉器，国家一级文物。其中间局部呈墨绿色，边缘为白色。为不规则的四边形，边缘不整齐，薄厚不一，最长的一边经过磨制后为刃部，明显薄于中部和另外三边。四角钻有小孔，孔径大小不一，制作技术为切割和磨制相结合，打孔技术为一边钻孔法。其用途有学者认为可能类似于玉璜，玉璜的用途从《周礼》《礼记》《尔雅》等古籍记载中可知：一是"礼地之北方"，作为祭祀北方的礼器；二是可以作为成组或单件的玉佩佩戴在身上。四孔玉器也与娱乐的原始乐器——石磬有相似之处。

伴随四孔玉器同时出土的还有玉琮、玉璧、玉璜等齐家文化玉器的佳品，均为国家一级文物。

玉琮，长方体，内圆外方，四角切割成高2厘米的三角形，切割技术较为熟练。通体呈白色，局部杂有绿条带，素面。磨制精细光滑。钻孔技术由两端对穿。该玉琮体积较大，玉质坚硬，制作技术较先进，是目前所知现存齐家文化单体最大的玉琮。

玉璧，一件通径15.3厘米、孔径5.1厘米，通体呈灰色，磨制光滑，制作精细，素面无纹。钻孔技术采用一面钻法，外大内小。另一件通径

玉璜连璧

17.4厘米、孔径3.9厘米，呈土黄色，素面无纹，制作不太规则，边缘薄中间厚，且边缘磨制薄厚不均。钻孔技术采用两面钻法，外大内小。整个制作方法较为原始，切割手法不精细，薄厚不一。

玉璜，宽8厘米，白色为主，中间局部为墨绿色。两端打孔，一端为一孔，另一端为两孔，打孔技术为一边穿法。同时出土的还有四分之一、六分之一、十二分之一的扇形璜三件，均为两端打孔，分别为一孔和两孔。四块连接起来为一完整的玉璜连璧。玉璜功用为"礼地之北方"和佩戴装饰，半圆形的玉璜主要用于祭祀，扇形玉璜主要作装饰之品，供人佩戴，古人有所谓"君子无故，玉不去身"之说，佩玉可能是身份高低贵贱、拥有财物众寡的标志之一。璜连成璧，是原始先民聪明才智的体现，扩大了玉璜的实用性复合功能：合则为璧，可以祭天，是天圆的象征；分则既可以祭地，又可以随身佩戴，真可谓一举多得。

铜鼎和铜簋
西周统治势力和文化逾越陇山的见证

> 周代的"列鼎制度",在丧葬礼制中也有严格规定,鼎以及伴随的其他铜器如簋等都是随葬"礼器",且和宗祠等级与身份地位密切关联。

宁夏固原,西周时被称为"荒服"之地,是戎狄等北方游牧民族的生息之地。孙家庄,这个鲜为人知的地方,跨越时空,把固原推到了遥远的西周时期,证实了西周的统治势力和文化系统已经扩展到这里。

孙家庄,位于宁夏固原市原州区中河乡,距固原城西北约7.5公里。1981年4月,考古工作者在这里发掘清理了西周成、康王时期的墓葬和车马坑各一座。坑内有马骨架两具,其中一具保存完整,有兽面纹车轴饰两件,带穿孔的蚌壳七枚。距车马坑西北数米之远是墓葬,墓主人已朽为黄色粉末。墓中出土了铜、骨、玉、蚌壳等质地的随葬品,这些器物大都放置在二层台上或棺椁之间。青铜器有鼎、簋、戈、戟及车马器等共计

铜鼎

通高26厘米,口径21.4厘米,腹深11.6厘米
出土于宁夏固原孙家庄西周墓葬

234件，骨器共12件，玉器管饰4件，蚌壳和贝饰710枚，陶鬲1件。

这些出土器物中，鼎和簋的发现意义重大。其中鼎直耳，口沿外折，上腹饰带状饕餮纹一周，下腹微鼓，三柱足，柱足上部均饰饕餮纹。簋敛口，鼓腹，圈足。其腹部两侧附半圆形兽形耳，其下有珥，颈部云雷纹衬底并饰带状兽面纹一周，足饰带状夔纹一周。同时出土的还有青铜车马器——軎、銮铃、当卢等。青铜鼎、簋等礼器的出土，不仅填补了宁夏商周考古的空白，而且打破了学术界和考古界的传统认识，它们成为西周统治势力和文化逾越"陇山"（六盘山）之西的标志。20世纪80年代，当时的中国历史博物馆（现中国国家博物馆）为了筹备中国通史展览，全面展示中国疆域内的历史文化，特意调拨固原出土的西周铜鼎作为周代统治势力和文化逾越陇山见证的展品永久入藏国家博物馆，后来原状复制了一件送给固原博物馆作为展品和藏品。

我们知道，西周以来，周人建立了用鼎制度。青铜鼎、簋既是商周时期著名的食器，又是宗庙祭祀和宴饮的礼器。在宗庙祭祀仪式或者宴飨中，鼎用来盛放牛、羊、乳猪、干鱼、干肉、牲肚、猪肉、鲜鱼、鲜肉等肉食，簋是用来盛放黍、稷、稻、麦、菽"五谷"等粮油制品。不同的身份等级，在铸造鼎、簋时使用青铜的重量以及大小形制等方面，也有较大的差别。它们是等级制度和权力的象征，用以明尊卑，别贵贱，序长幼，分主臣。当时有等级秩序鲜明的列鼎制度，等级愈高，使用鼎的数量越多。依照礼制规定，周天子用九鼎，诸侯一般用七鼎，卿大夫用五鼎，元士用三鼎或

铜簋

通高13.5厘米,口径19.7厘米,腹深10厘米
出土于宁夏固原孙家庄西周墓葬

一鼎。孙家庄墓随葬一鼎是符合西周礼制和文化传统的。青铜簋也是当时重要的礼器，与鼎配合使用，只是和鼎的用法不同，在祭祀或宴飨时，以偶数组合与奇数的列鼎共同使用，即天子用九鼎配以八簋，诸侯七鼎配以六簋，大夫五鼎配以四簋，元士三鼎配以二簋或一鼎配以一簋。

周代的"列鼎制度"在丧葬礼制中也有严格规定，鼎以及伴随的其他铜器如簋等都是随葬"礼器"，且和宗祠等级与身份地位密切关联。在当时"礼不下庶人"的丧葬制度下，一般平民陪葬的只有日用陶器，鼎、簋仅仅是贵族的随葬专利品，并且和宗庙祭祀相同。这种以陪葬礼器组合来"辨等列、明尊卑"的制度，在周人墓葬的考古发掘中得到了证实。湖北京山相当于王国君的高等贵族墓，随葬九鼎八簋；上村岭虢国墓中，相当于公卿大夫的中等贵族墓，随葬七鼎六簋或五鼎四簋；同地相当于士的末流贵族墓，随葬三鼎二簋或一鼎一簋。与此相配合，五鼎或五鼎以上的贵族可随葬真车、真马；而五鼎以下的贵族只能随葬象征性的车马器，三鼎或三鼎以上的贵族才能用双重椁。

到了东周，周王室不断衰微，至平王东迁后，"礼崩乐坏"。葬礼上的"逾礼"现象越来越严重，往往进行"加等"。眼见周王室的权力和地盘越来越萎缩，诸侯国的胆子渐渐大了起来。俗话说"手里有枪，心里不慌"，这可能是从古到今颠扑不破的真理。诸侯国个个"占山为王"，号令四方，俨然一方天子。在春秋战国时期，各诸侯国君开始越级享用天子之礼，纷纷建立以自己国君为最高等级的礼制。所谓"凡诸侯薨于朝会加一等，死王事加二等"。在当时"政在大夫"或"陪臣执国命"的政治背景下，实权在握的诸侯擅自逾礼加等，也就是轻而易举的事了。楚国是逾礼加等的先遣兵，早在西周时期就开始建立治内的礼制，逐渐形成国君享九鼎八簋、卿享七鼎六簋、大夫享五鼎四簋、士享一或三鼎的等级体系。

孙家庄西周墓的发现，进一步说明了在西周时期，继成王、康王时期统治势力到达宁夏南部以后，周王朝与固原的联系进一步加强，西周初期的统治势力波及此地后，其统治一直以不同的方式延续着，固原即成为西周西北部疆域的边缘。

透雕动物纹饰牌
"格里芬"神兽造型的生动显现

宁夏固原地区春秋战国时正处在欧亚草原文化与中国农耕文化的交汇融合之地,这里的游牧民族创造了发达的青铜文化。

"格里芬"对于中国人而言,是一个较为陌生的词语,它是指希腊神话中的神兽。古希腊历史学家希罗多德《历史》中记载的格里芬,是守护着阿尔泰山黄金的神兽。古人用这种威力无比的神兽来命名控制阿尔泰山金矿开采的山地部落,传说山地部落的独目人为了夺取黄金,经常与看守黄金的格里芬进行斗争,格里芬逐步成为欧亚草原上虚幻的动物神兽。大致在相当于中国的春秋战国时期,欧亚大陆上的游牧区流行着最著名的斯基泰艺术,这种由斯基泰人历经5个世纪创造、发展、成熟、传播流行的艺术,为欧亚大陆的草原游牧文化打上了深深的烙印。他们精于制造手工艺术品,通过锻、铸、镶、压、刻等多种手法,用金、银、铜等材料创造出生动的浅浮雕动物造型，其中最常见的有狮、虎、驯鹿、马、麋、食肉鸟等动物，统称为"动物纹"或"野兽纹"。还有不少是虚幻的动物，其中最著名的就是格里芬，这种格里芬神兽的大量文化因素和艺术原型来源于当时西方世界的文明中心——希腊。希腊神话中的动物与格里芬的共同特点是以现实中的动物为原型，通过真实动物的变形以及移植组合别的动物特征，创造出新的、想象中的动物形象，一般都被赋予强大的超自然力量。

我国的春秋战国时期，生活在北方广袤区域的游牧民族，采取一种简洁明快、程式化的表现方式，即利用青铜浇铸出各种动物形饰并制作出动物纹饰牌。他们利用当时栖息在草原上、森林内的飞禽、走兽、家畜等种类繁多的动物做题材，或装饰刀剑等武器的柄端，或制作出用于随身携带和使用的精美透雕饰牌。其大多做工精细，小巧玲珑，追求神似而又不拘泥于动物本身，显示出了较高的文化艺术水平。这种独特的精美饰牌显示了北方的游牧文化，在质地和造型艺术上都受到了来自斯基泰文化的影响。只是在其发展过程中，结合了中国古代文明的大量文化和艺术造型，并体现了使用动物纹图案、格里芬造型艺术来装饰人身饰品和以斯基泰人为首的游牧民族佩戴黄金饰品的习俗。这类器物在我国北部长城沿线地带大量出土，其中宁夏南部固原地区出土数量较多。

宁夏固原地区春秋战国时正处在欧亚草原文化与中国农耕文化的交汇融合之地，这里的游牧民族创造了发达的青铜文化。由于这种文化广泛分布于以陇山为中心的甘、宁、青地区，文化内涵的区域特征十分浓郁。从文化分布的时间和空间范围来看，与史籍所载的西戎民族的几支生存的地理范围吻合，应属于西戎民族，因此学术界和考古界一般称之为"西戎文化"。这种文化从20世纪60年代发现以来，考古工作者通过几十年的不断努力，迄今为止，在原州、彭阳、西吉、隆德等（区）县辖境内发掘和清理了各型青铜文化墓葬几百座，文化分布地点计有百余处。还有固原市原州区杨郎马庄墓地和彭堡于家庄墓地、彭阳县张街墓地等，出土了数以万计的陶、铜、铁、金、银、骨、石等各类质地的器物。这些器物特征鲜明，具备中国北方系青铜器的一般特征，且自身的风格鲜明，促使宁夏固原地区一跃成为研究中国北方青铜文化不可逾越的区域，也为中国北方青铜文化的多元性提供了丰富的实物依据。其中大量翻唇神兽造型的金、铜饰牌和青铜浇铸的各种动物形饰具有典型代表性。

宁夏固原博物馆馆藏众多春秋战国时期格里芬艺术造型的青铜（金质）牌饰，其特征显示出了自身多元文化风格，具有浓郁的区域特征，从怪兽腿、腰和腹的特点看，是比较接近虎豹一类的猫科动物。这类牌饰有很多是金银器，其造型绚丽精美，形制和风格彰显了异域神韵。如虎噬鹿金扣饰，生动而艺术地再现了自然界动物咬斗场景。其中后肢翻转的动物纹样是欧亚草原的特色纹样，约于战国中期自西向东传入中国北方地区，成为当地流行的动物纹样。虎噬鹿造型的神兽牌饰在战国晚期的我国北方地区遗存中有较多的发现，尤其以甘肃和宁夏地区为多。这种类型的早期神兽纹样出土于黑海北岸库班河流域，时间为公元前5世纪晚期至前4世纪早

金质虎噬鹿金扣饰

战国（前475—前221）
直径3.1厘米，厚1.2厘米，重26.5克
1981年宁夏固原县头营乡坪乐村出土

期，属斯基泰人所有。中国北方地区的这种神兽纹样应是在吸收与借鉴欧亚草原上流行的这类神兽纹样的基础上形成的。还有神兽纹金腰带饰，经研究表明，这类带绳索纹边框，边框内装饰动物咬斗纹样，背面有固定用纽的长方形腰牌饰并不是草原文化特色的物品。金腰饰牌的铸造，与草原上流行的捶揲成型工艺不同，应当是以秦国工匠为代表的中原工匠吸收借鉴草原文化因素的新创作。这类长方形腰牌饰出现于战国晚期，当时主要流行于中国北方地区，佩戴者多是草原上层人士，是其身份标识物，而不是作为与北方草原部族进行贸易的商品。因此，战国晚期的中国北方出土的黄金长方形腰牌饰应是秦国为代表的中原国家官府作坊的作品。这类长方形腰牌饰历经秦朝，盛行于西汉早期，在西汉王朝版图内有较多出土，成为饰贝腰带的重要组成部分。同时该地区出土的多件青铜牌饰，在兽头颈部、尾端饰有钩喙猛禽头纹样，这是欧亚草原流行的纹样传入中国后，经本地工匠融合借鉴的结果。

这件金质虎噬鹿金扣饰，整体呈半圆球形，铸造成型，背面有一固定用纽。正面浮雕两虎两鹿，构成两组相同的虎噬鹿图案。两虎分别咬住两鹿颈部，两鹿双眼圆睁，后肢朝上翻转，相互交缠。扣饰背面有一组。

金质怪兽纹饰牌，整体造型为一猛兽，似虎，作站立行走状，低首，面目狰狞，圆眼外凸怒睁，巨口张开，上唇朝上翻卷，利齿外露，四只爪趾错列连接构成绳索纹的底边，长尾下垂构成侧边，上饰凹叶纹。怪兽面颊、肩部、臀部等装饰螺旋纹，身部用简洁的纹样饰出兽身的斑斓花纹。

金质怪兽纹饰牌

战国（前475—前221）
长6.2厘米，宽4.7厘米，重84.1克
1996年宁夏固原中河乡出土

金质翼马纹饰牌

战国（前475—前221）
长6.9厘米，宽4.5厘米，重94.2克
1980年宁夏固原县三营乡红庄村出土

金质翼马纹饰牌，长方形平版状，两端有圆形孔，四周为饰绳索纹的边框，正面内雕图案为一飞马，马背与腹部饰有6只带耳的勾喙鸟首，肩部、臀部等装饰螺旋纹。马前肢着地，后两肢反转腾空作飞行状。若将其倒置，也能看出一奔跑似飞的马形图案，这种会飞的马的造型或许就是中国人心目中早期的天马形象。这种正、倒看都能显示出动物图案的饰牌，形象生动，工艺精巧，颇具匠心。

虎噬鹿镀锡青铜饰牌

战国（前475—前221）
长8厘米，宽4.5厘米
1984年宁夏彭阳县白杨林村出土

虎噬鹿镀锡青铜饰牌，属于中国北方地区草原民族的腰带组件，整体为透雕虎噬鹿图案，具有浓郁的草原文化特色。虎作伫立状，圆眼、椭圆形大耳，张口噬咬小鹿颈部，小鹿四肢蜷曲作挣扎状。虎肢体健壮，背上有一勾喙猛禽头，长尾下垂，上饰麦穗纹，尾末端为勾喙朝上的猛禽头，头生两尖耳。

虎噬鹿青铜饰牌，是一种中国北方地区草原民族的腰带组件，整体为

虎噬鹿青铜饰牌

战国（前475—前221）
长12.4厘米，宽6.5厘米
1987年宁夏西吉县陈阳川村出土

透雕虎噬鹿图案，通体呈不规则长方形。虎作站立状，额部与鼻部的装饰物构成一环，虎眼圆睁，虎右前爪攫住幼鹿肩部，张口露齿噬咬幼鹿胸部。幼鹿圆眼、长耳、四肢蜷曲，作惊恐挣扎状。虎肢体健壮，额前部附一环扣，长尾翘起贴于背部，上饰麦穗纹，尾末端为一勾喙猛禽头，身上装饰有联珠、圆点、弧线等纹样。其铸造方式与艺术造型均显示出了较高水平，

鎏金虎纹饰牌

战国（前475—前221）
长8厘米，宽5厘米
1993年宁夏固原潘家庄农场出土

是众多动物纹扣饰中的佼佼者。

鎏金虎纹饰牌，长方形的块板上留有边框，内浮雕出虎形纹饰，虎体大而肥硕，作行走状，低首，圆眼外凸怒睁，巨口张开，利齿外露，额部有一辫状装饰沿颈脊后伸平贴于背部，束端饰勾喙猛禽头。尾下垂，背部平素，有两个系扣用的桥形纽。

铜柄铁剑

铜铁合一的新型兵器

2000多年前的铜柄铁剑，在当时绝对是最前沿的高科技，可谓开创了铜、铁合铸技术的先河，对我国乃至世界冶金史的研究，有着十分重大的意义。

宁夏固原博物馆藏有多件春秋战国时期的铜柄铁剑，其中最为精美完整的就属这件，其刃部为铁质，断为三截，刃前锋残缺一小段。铜质剑柄，柄首呈蘑菇状，柄部稍细，上饰密集乳钉纹，断面呈椭圆形。剑格中部前略呈舌状，分四瓣裹铁质剑身，边瓣卡于剑身双刃，中瓣上下固定剑身，剑身中脊较明显，为国家一级文物。

这件铜柄铁剑是为铜、铁两种不同金属合范铸造技术的典型代表。铸造这把铜柄铁剑分四道程序完成。第一道程序是先制作铁剑陶范和铁剑两面刃。用陶泥制成大于铁剑长度和宽度的陶范块，以剑刃为分型线，刻出剑身的厚度，两范平面做榫卯，浇口留在上范部，然后进行烘干，烘干后

铜柄铁剑

春秋战国（前770—前221）
长55厘米，柄长11厘米，格宽6厘米
1995年宁夏固原县头营乡石羊村出土

再合范浇铸铁溶液。第二道程序是待铁剑陶范完成后，再用同样方法制作铜剑柄陶范。制作铜剑柄范块，长度包括铁剑身和铜剑柄，宽度为铜剑柄，其长度和宽度都预留出榫卯位置。上下范块制成后，两范平面一端剔刻出铁剑凹槽，仍以铁剑刃为分型线。另端剔刻铜剑柄形状，凹下深度为铜剑柄三叉两侧分型线一半。然后晾干，放入炉内烧制。第三道程序是对于烧制完成的合范进行修整，并把浇铸好的铁剑身放入范凹槽中，靠近铜剑柄的一侧，把铁剑插进三叉空腔中，固定好，合范浇铸铜剑柄，由于铜剑柄部形成空腔，铜液注入就把插入空腔中的铁剑紧紧包住。第四道程序是等待浇铸的泥质范冷却后，揭去合范，一把完整的铜柄铁剑就这样制作完成并呈现在我们面前了。

铜柄铁剑是出现在春秋战国时期铜铁合一的新型兵器，是青铜时代向铁器时代过渡的典型遗物。它最早出现在我国西北，主要分布于以陇山为中心的甘肃庆阳和宁夏固原地区。这个区域在春秋战国时期主要生活着西戎民族部落中的乌氏

戎和义渠戎，是中原农耕文化和草原游牧文化的交汇地带。秦人在建立政权扩大地盘的进程中，和戎人发生了长期的战争。在战争过程中，秦人认识到了铁器比青铜器更为坚硬，在战争的拼杀中，具有不易变形的优点，于是迅速学会了冶铁、锻铁的技术，并运用于实战中。面对手执青铜兵器的对手，他们几乎所向披靡。2000多年前的铜柄铁剑，在当时绝对是最前沿的高科技，可谓开创了铜、铁合铸技术的先河，对我国乃至世界冶金史的研究，有着十分重大的意义。

这件国家一级文物铜柄铁剑能够入藏固原博物馆，还留有一段有趣的故事。今天在宁夏文物保护中心工作的马建军先生，1995年是固原博物馆保管部的一名工作人员。能够收藏到有价值的文物，对于文物工作者来讲可遇不可求。在和流传千百年的文物"打交道"的过程中，他经常能收获惊喜，这件铜柄铁剑就是他当时获得的惊喜。有一天，固原县头营乡一位农民拿着自家地里被雨水冲刷出来的一批古物到博物馆捐赠，经过详细询问和仔细鉴定，马建军发现这是一批属春秋战国时期的重要器物。特别是看到这件铜柄铁剑时，更是令他眼前一亮，喜不自禁，当即自掏腰包500元垫资征集下了这批近百件的珍贵文物。因此每每说起这把剑，他依然会兴致盎然地讲道："这把铜柄铁剑就是这批文物中的一件，后被定为国家一级文物。这把剑的珍贵之处在于铸铁剑身没有被腐蚀，神奇般地保留至今。"

子母豹透雕青铜饰牌

母子相拥 舐犊情深

> 无论纷繁复杂的人类社会还是弱肉强食的动物世界，母爱是最简单、纯粹而不求回报的情感，母爱是人类和所有动物与生俱来的本能。

青铜器的发明与使用，对人类创造历史、传播文明活动的辉煌业绩，具有划时代的意义。中华民族先民早在新石器时代晚期就已经掌握了用铜、锡、铅合铸青铜的技术。商周之际是中国青铜器发展的鼎盛时期，如后母戊大方鼎、四羊方尊等，既展现了高超的青铜铸造技艺，又蕴含着深厚的文化内涵，堪称中华民族智慧的结晶。

宁夏固原出土的青铜器，有着鲜明的时代特征和区域特征。1981年固原市原州区中河乡孙家庄西周墓葬和马车坑出土的青铜礼器与车马饰品，是这里发现最早的青铜器。春秋战国时期该地区游牧民族创造的集实用与装饰于一体的"北方系青铜器"，出土数量多，区域特征明显。汉代

子母豹透雕青铜饰牌

春秋战国（前770—前221）
高5.3厘米，宽5.3厘米
1982年宁夏固原杨郎大北山出土

到北朝，青铜器风格与中原一致，铸造工艺简单、实用。到宋元明清时期，该地区青铜器数量减少，以实用器为主。

春秋战国时期，生活在宁夏固原一带的义渠、乌氏等戎人游牧部落创造了发达的青铜文化。从 20 世纪 60 年代至今，在固原地区的原州区、西吉、彭阳、隆德等县区发现青铜器的地点有 50 多处，墓葬 100 多座，出土随葬品数以万计。青铜器占一半以上，种类有兵器、生产工具、车马具、装饰品，其中装饰品更为复杂多变，包括动物纹和几何纹透雕牌饰、圆雕牌饰、浑体动物饰件以及带钩、带扣等。出现在牌饰上的动物纹样有老虎、狼、豹、鹿、马、羊、鸟等 20 余种。这些青铜器集实用与观赏于一体，对游牧民族生产生活景象和艺术创造力的展现，既借鉴了毗邻地区各部族和中原的艺术思想，又融合了独特的土著文化因素，显现出了鲜明的区域风貌。其中有些器物精美独特，譬如在本区域颇具代表性的子母豹饰牌，是具有地域特色的透雕牌饰典型代表。它透雕双豹图案，造型为大小两豹相对互抱，大豹弯身、屈肢、卷尾，前后足相叠，前额紧贴小豹下全颔，小豹腹侧有一凸纽。饰牌形象生动传神，表现母子相亲。母亲和孩子之间那份亲子情，无须太多的语言，无须太多的动作，那份原始纯真的舐犊之情、反哺之情，常常跃入我们的眼帘，定格在我们的脑海中。

无论纷繁复杂的人类社会还是弱肉强食的动物世界，母爱是最简单、纯粹而不求回报的情感，母爱是人类和所有动物与生俱来的本能。人类的母爱是伟大而充满着智慧的，我们人类的妈妈们为了孩子的健康茁壮成长，倾心付出全部的爱来护佑自己的孩子。动物世界的妈妈们面对惊涛凶险的生存环境,无论是可爱的鹿、羊、企鹅,还是凶狠无比的虎、狮、狼、熊、豹,动物妈妈们都在自己的孩子面前温存无比,用自己独有的方式与孩子亲热,舔舐就是最常见、最常用的亲昵动作,以此动作来完成不需言语的真实情感交流。

"上容大夫"铭文戈

私家定制 自用兵器

有了青铜冶炼技术后,出现了青铜戈。这种青铜制作的兵器主要用于钩杀和啄击。它的形状类似现在的镰刀,由戈头和柄组成。

　　戈,是冷兵器时代的重要武器之一,是车兵作战时一种最常用的、最重要的格斗兵器。它在中国古代的军事技术史上占有重要地位。譬如成语——"金戈铁马""同室操戈""化干戈为玉帛"等,就体现了戈在兵器里的不俗地位。有了青铜冶炼技术后,出现了青铜戈。这种青铜制作的兵器主要用于钩杀和啄击。它的形状类似现在的镰刀,由戈头和柄组成。戈头由青铜铸造,形制很多,大致可分为直内戈、曲内戈、銎内戈等。戈头的形制也是在实战中不断发展变化的,商周时期的銎内、曲内戈由于在相互钩挂中容易脱落,因此逐渐淘汰。直内的戈头,援和内之间有阑,并增加了胡,与柲结合得最牢固,因此得到发展。戈柄则多为竹、木制作。

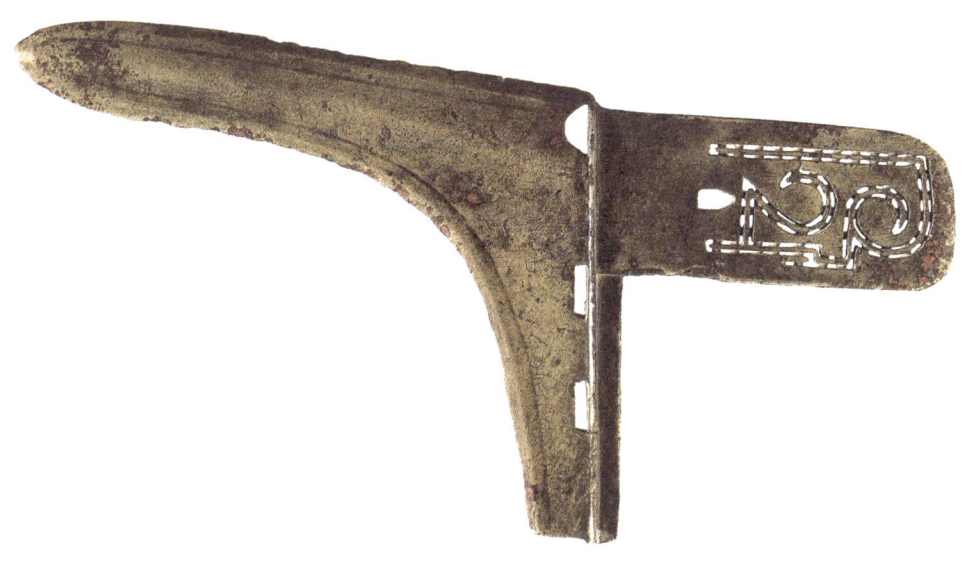

"上容大夫"铭文戈

战国(前475—前221)
戈长21厘米,援长13厘米,内长8厘米
1983年宁夏固原市彭阳县红河乡野王村窨子沟出土

"上容大夫"铭文戈(局部)

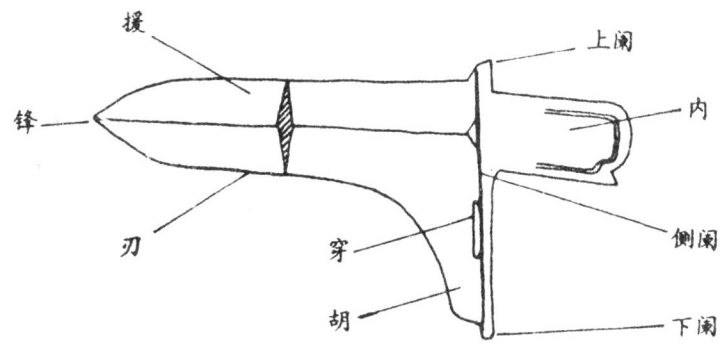

戈各部名称

在古代军队中，戈是装备到每一个士兵的必备兵器，从夏朝开始，一直到周朝，贯穿了整个青铜时代。直到春秋战国时期，随着铁器时代的到来，青铜戈最终被由戈演化而来的铁"戟"所取代。

宁夏固原博物馆藏的这件铭文戈，是战国早期青铜戈的典型代表。援的断面呈菱形，中部起脊。内微上翘，上有一桃形孔及兽面形透雕纹饰。长胡三穿，上穿为半圆形，其下两穿为长方形，援与胡近刃处凹刻一条带纹。胡部从上至下细线阴文镂刻铭文"廿七年，晋上（尚）容大夫"。

这件铭文戈上的铭文蕴含着丰富的历史信息和极高的史料价值，其中的"晋"，是指"三家分晋"之后的魏国，依据相关文献记载和出土实物资料，当时不论是魏人自己还是其他国家都称呼"魏"为"晋"。如《孟子·梁惠王上》中魏惠王自称"晋国，天下莫强焉"，《战国策·魏策》中魏称"晋"者也较多见。清人刘宝楠《愈愚录》云"战国时晋地多入魏，故其称晋国也有四：有指魏境内晋地言者，有指魏境内晋都言者，有指魏国言者，有指魏都言者"。从出土的战国实物资料而言，安徽临泉县发现的魏惠王时"二十四年晋□上库戈"与寿县出土的楚怀王时"大司马昭阳败晋师于襄陵之岁"等铭文中的"晋",都是指魏国。铭文中的"上容"还有可能是个地名,古人以北为上,比如战国时期楚国有"上蔡""下蔡",赵国货币中则有"上曲阳""下曲阳"以及"上尊""下尊"等。

再来说说铭文上的"廿七年",这无疑是戈铭的刻写时间或者是造戈的时间,这个年代究竟属于哪个时期,还需从戈的形制、纹饰方面来考证一番。类似形制的铜戈,还出土于湖北鄂城楚墓、随县曾侯乙墓、山西太原晋国赵卿墓、河南洛阳东周墓等,它流行于春秋晚期到战国早中期。从内部的纹饰上看,它与《集成》中"口之用戈""娜之造戈""长沙戈""子朋之用戈"等戈上的图案十分接近,与"番仲戈"相比较就可以看出,"廿七年"晋戈内部的图案应是凤鸟纹的变形。有学者研究指出,东周时期南方地区的铜戈普遍流行在戈内上用阴线勾边的装饰方法,其中吴越铜戈多采用单线或三线勾边装饰,单线勾边的框内饰有云纹或对兽纹,三线勾边者一般伴有涡纹。与吴越邻近的宋国也发现有单线勾边加对兽纹装饰的铜戈,如"宋公栾戈""宋公得戈"等。楚文化铜戈则多采用双线勾边,且于内下角相交处上线末端弯翘勾勒出凤首,下线末端卷曲似凤爪,上下线恰作凤鸟的双翅。至于战国早中期出现的对凤纹和涡纹很可能是受到了吴越铜戈装饰风格的影响。总体上讲,双线勾边的凤鸟纹装饰风格应是楚文化铜戈的典型特征。

这种内部刻有类似凤鸟纹图案的铜戈,不仅在湖北当阳、随县,湖南长沙、常德等地的墓葬中屡有出土,在河南陕县、南阳,安徽舒城、寿县,山西万荣，山东枣庄等地也时有发现，如《集成》"子孔戈""子朋之用戈""王子于戈"等。这些兵器有一个明显的特点，即铭文都是南方的楚系文字，多数是鸟虫书，而非中原各国的文字。这说明它们的原产地不是中原地区的三晋，而是南方的楚、越等国。从纹饰与形制等因素来看，"廿七年"晋戈并非中原原产之物，它的铸造年代不会晚至战国中期以后，战国中期的魏国君主只有魏惠王在位时间超过二十七年，因此出土于宁夏境内的"廿七年"晋戈，戈铭的刻写时间应是魏惠王二十七年（前343）。

关于铭文中的"上容"一地应与"容城"有关，位于郑楚边境的氵厌水流域，容城所在的氵厌水流域，在春秋晚期为楚地。公元前371年，魏国攻占位于今河南鲁山县的鲁阳，开始涉足这一地区，所以容城属魏的时间不得早于公元前371年。这说明楚、魏在这一带争夺较为激烈，容城大概曾几经易手。而韩国涉足容城，不得早于公元前30年，这一年韩、魏联军大破楚国，占领宛、叶以北的大片土地。由于容城不见于战国时期的文献记载，以往学术界对容城一带在战国早中期的归属情况也不清楚，而"廿七年"晋戈的内容正可以对此进行补充，这正是"廿七年"晋戈重要的史料价值所在。

"朝那"铭文鼎
容积称重合于一体的计量器

汉武帝元鼎三年（前114）析分北地郡设置安定郡，朝那县就属于安定郡管辖，朝那铭文鼎的出土也为此提供了实物依据。

1977年春，宁夏固原县古城公社古城大队（今属彭阳县古城镇古城村）社员郑月莲在村庄外的黑土梁山麓田埂旁修挖水渠，在距离地面60厘米至70厘米的地层，她的铁锹突然碰上一个硬物，她以为又是一块砖石，便沿着硬物的边缘再挖，慢慢地，一个她不认识的"怪物"出现了，像锅但有三个脚，像香炉却很大。收工后便将其带回家，在公社工作多年的丈夫刘世富看了半天也没搞明白是什么，至于腹部雕刻的古怪花纹说是文字更是无从辨认，夫妻俩认定这是个做坏了的废品，便随手将其搁置在角落。1979年，刘世富与当时的固原县文物站站长韩孔乐说起此鼎，韩站长一睹铜鼎，认为是件珍贵的文物，即刻将其收藏于固原县文物站。两年后，经过有关文物专家认定，

"朝那"铭文鼎

汉（前206—220）
通高23厘米，口径17.5厘米，腹深13.2厘米
1977年出土于宁夏固原市彭阳县古城镇

"朝那"铭文鼎铭文

确定命名为汉代的"朝那"铭文铜鼎,现为国家一级文物。

这件朝那铭文鼎,子母口,方形附耳,鼓腹圆底,三蹄形足,腹中部饰有一道凸棱,凸棱上部阴刻有三段文字:"第廿九,五年,朝那,容二斗二升,重十二斤四两""今二斗一升,乌氏""今二斗一升,十一斤十五两"。从内容文字结构看,分别为三次所刻。它的得名与镌刻其上的铭文"朝那"有关,朝那是汉代的一个县名,读音不是"zhāo nà 或 cháo nǎ",而读作"zhū nuò"。彭阳一带方言读作"株诺",从方言习俗看是一个古部族名,属先秦戎族的一支。先秦戎族大约十几个部落,一个部落一种方言,彭阳为"朝那戎国"之地,战国时都归附"义渠戎"。西汉

"朝那"铭文鼎铭文

初年设置朝那县,隶属北地郡。汉武帝元鼎三年(前114)析分北地郡设置安定郡,朝那县就属于安定郡管辖,县治一般认为在宁夏固原市彭阳县古城乡,朝那铭文鼎的出土也为此提供了实物依据。

铭文鼎上所刻朝那和乌氏,最初都是戎人部落名称,后来又从民族部落名称衍生为县级地名,即朝那县和乌氏县。朝那县在两汉时的地理位置极其重要,汉武帝先后六次北巡安定萧关路过朝那。东汉建武八年(32),光武帝亲征隗嚣,命伏波将军马援收降高峻等,安置于朝那。从公元89年到公元101年,先后三次安置羌族、匈奴降众于朝那。公元111年,汉安帝永初五年羌族大起义,安定郡迁美阳(陕西武功),朝那县也随之东迁,

"朝那"铭文鼎铭文

郡吏割禾毁屋,强迫迁徙,百姓随道死亡,丧其大半。汉顺帝永建四年(129),尚书仆射虞诩上疏顺帝称安定郡"沃野千里,谷稼殷积""水草肥美,牛马衔尾,群羊塞道""北阻山河,乘阻据险,不可久废"。于是汉顺帝下旨,安定郡治迁回高平,同时朝那县治也迁回。但东汉豪强官吏的残暴统治,酿成羌族多次起义,东汉王朝先后镇抚60余年,同时迫使安定郡、朝那县三次乔迁治所。十六国前赵光初三年(320),朝那县迁今华亭县境,西魏大统元年(535)朝那迁良原(今甘肃灵台县西北)再未归建,直到隋朝废止。秦惠文王时占领乌氏戎人的地盘并沿用部落名称设置乌氏县,乌氏县是今天宁夏固原市境内的第一个县制,西汉初年隶属于北地郡,后属安定郡管辖。

　　那么在同一器物上先后出现"朝那""乌氏"两个县制地名,应是行政区域变化所致。从这件鼎上三段铭文内容看,第一段"第廿九,五年,朝那,容二斗二升,重十二斤四两",其中"第廿九"是指第一个使用该鼎的地方所编的器物号,汉代铜器铭文中的编号通常包含造作编号,即制作铜器时所编的造器号和使用时所编的用器号,所以"朝那铭文鼎"应是当时铸造的第二十九件鼎。"五年"是指第一次使用时间,汉代铜器铭文中的时间,包含制作时间、转送时间、购买时间、刻写时间等。"朝那"是指第一次所用之地,汉代铜器铭文中的地点,含使用地和造作地两大类。"容二斗二升,重十二斤四两"是第一次核准的容量和重量。第二段"今二斗一升,乌氏",其中"今二斗一升"是第二次核准的容量。"乌氏"是第二次使用的地方。第三段"今二斗一升,十一斤十五两"是第三次核准的容量和重量,这次核准的容量与第二次相同,而且没有刻新的使用之地,表示使用之地没有变动,仍然为乌氏。显然,这只鼎在当时是作为量器使用的,这就见证了鼎从礼器向量器过渡的历史,该鼎作为量器,承载着两汉时期的度量衡变化,证实了两汉政权对宁夏及西北地区农业开发的重视,说明这里的农耕经济在当时已经占据了很大的比重。

　　看着这只铜鼎,我们的思绪仿佛回到了铸鼎的那个年代,叱咤风云的汉武帝翻越陇山西巡而来,朝那的百姓为了迎接帝王的到来,铸造了这只浑圆如天的铜鼎……

镶松石金带饰及金花饰
汉代黄金装饰工艺的典型器物

随着丝路的畅通,西方金属加工艺传入中原。汉代以后,通过借鉴、吸收、融合,逐步创新、发展,形成了一套自己的富有特色的冷热金银器加工装饰技法。

今天宁夏南部的固原在西汉中后期社会经济得到了快速发展,汉武帝元鼎三年(前114)从北地郡中分出一部分另设置安定郡,郡治高平(今固原市原州区),今天的固原市原州区遂成为当时的政治、经济中心。20世纪80年代以来,固原境内两汉墓葬的大量发掘便是很好的证明,且集中分布在固原城周围,呈环绕状,多为墓葬群。从中出土了丰富的釉陶、青铜、铁、金、银、玉、木等各类质地的器物。其中不乏镶松石金带饰及金花饰、青铜描金摇钱树、铜钟、铜键、博山炉等精品和盆、甑、壶、灶等莹润精美的釉陶器,它们所蕴含的文化内涵为全面认识西汉时期固原的社会经济、文化发展、风俗习惯提供了有力的实物证据。某些器物的制作

A

B

镶松石金带饰 2件

汉（前206—220）
A：长9.4厘米，宽1厘米，重5.5克
B：长9.2厘米，宽2.2厘米，重11克
1983年出土于宁夏固原九龙山汉墓

装饰工艺代表了当时同行业的最高水平,九龙山汉墓中出土的镶松石金带饰及金花饰在传统制作装饰工艺的基础上,融汇了西亚金属加工的锤揲工艺,成为当时黄金制作装饰工艺水平的典型代表。

固原九龙山,是从海拔2825米的固原第二高峰香炉山向东北方径直伸出的山脉,位于固原城西南约1公里处的清水河西岸。因其山脉向东南方向发展有黑刺沟、三十里铺、冯家庄、大马庄4道支脉,向西北方向有童家梁、老庄沟、孟家沟、柳沟4道支脉,与主脉共九道山岭,以扇面似九龙奔腾向东北方伸出而得名。清水河、羊坊河两水环抱,雄姿勃勃,十分壮观。民国《固原县志》称九龙山是"六盘山之脊干""因固邑之护脉",并将九龙山列为固原八景之一。从汉代开始,这里就是营造墓冢的风水宝地,逐步形成了九龙山墓葬群,墓葬群主要位于山的北缘。此处南北两坡较缓,中间由于长期的农业开垦,平田整地,形成两个台地,自山嘴开始,由窄变宽,分布着多座大墓。

1983年,固原博物馆在九龙山发掘一座汉墓。墓葬坐西朝东,封土堆较大,斜坡式墓道,形制奇特,为两壁自上而下做成喇叭口状由墓室向墓道口延伸。墓室文物被盗一空。在墓道两壁距墓室2.5米的地方各构筑砖券拱形南北耳室一座,在北耳室出土了彩绘陶罐4件,镶绿松石金带饰残件2件,桃形金花饰29枚。

镶松石金带饰2件,金质掐丝,长条形。一件上下两边为联珠纹边缘,内用凸起的小圆点构成菱形对称图案,中部联珠纹圈嵌绿松石构成主体图

金花饰

汉（前206—220）
长1.2厘米，宽0.7厘米
1983年出土于宁夏固原九龙山汉墓

案。另一件上下两边亦为联珠纹边缘，中部联珠纹嵌绿松石构成上下对称的桃形主体图案。

金花饰29枚，金质掐丝，联珠纹边缘，正面似三瓣花中嵌绿松石，多因年久掉失。上侧为三角形，形制均相同。在古代，这种金花饰是在器物衣履上雕刻绣制的花饰，而这些金花饰可能是用于某件高档工艺品装饰的部件。

这2件镶绿松石金带饰和29枚桃形金花饰，制作工艺精细，充分利用了黄金不怕氧化、不易生锈、延伸性较强的性能，融汇了锤揲、掐丝、焊接、镶嵌、金珠、镏金等工艺，体现了汉代金属装饰工艺的发展水平。

锤揲，这种制作黄金的工艺来源于中西亚，就是充分利用金银极佳的延展性能，用锤子将金块锤打成片，然后置于器物或模具上挤压锤打，即成有凹凸纹饰的器物。敲打出的既可以是器物的形体，也可以是花纹。它是西方金银器成纹的主要方法，在拜占庭、波斯以及中亚都有悠久的传统。锤揲出的纹样凸出器表，造成浮雕一般的纵深视觉效果，使器物更具有空

金花饰（单件）

间感和立体感。随着丝绸之路上中西文化交流的兴盛，金银的锤揲技术在古代中国风行一时。

掐丝，就是用锤打成极薄的扁金丝编出纹样轮廓，后焊接到底板或器壁上，再镶嵌饰物，与镶嵌工艺中的包镶技术有所联系，这种做法在西方起源较早。金饰上面饰物包边镶嵌则是使用掐丝工艺，将拍扁的金丝或金片按照宝石的形状围成一周，对头焊接后再黏结或焊接在底托之上。我国北方匈奴、乌孙和早期鲜卑金饰上可以见到这一技法，应该是通过北方草原游牧民族从西方学习而来的。汉晋时期，多镶嵌绿玉和绿松石，掐丝外框也常见心形、圆形、水滴形、月牙形等简单的几何形状。直至北朝时期，镶嵌物日益丰富，扩大到各种材质，色彩斑斓，工艺日趋复杂而精致。

焊接，就是在金银器和金银装饰部件之间的接触点上浇灌金属液体，使之冷却后牢固地结合在一起。这种方法主要用于金属部件和其他金属器件的结合上。

镶嵌，就是在金银器上嵌饰珍珠、水晶、绿松石、红绿宝石等材料的饰物，以增加器物的富丽程度，有的器物往往装饰多种饰料。九龙山汉墓中出土的长条金饰件镶嵌绿松石。镶嵌绿松石的装饰艺术最早出现在二里头文化时期，是用来镶嵌在铜器上的，后来发展成为镶嵌在金银器上。这种工艺一般要求，先在器物上做好阳文纹饰，然后按纹饰的规格制作不同形状的绿松石。这不仅要求有高超的器物制造技术，而且绿松石要求小而工整，需要有相当高的玉石加工技艺。这件金饰件，上下两边做成由小圆圈组成的阳文几何图案，中间用弧线与小圆圈做成桃形图案，桃形中间圆心呈阳文，镶有红绿相间的松石，制作工艺非常精巧。

金珠，该工艺在先秦、秦汉时期由西方传入，大英博物馆收藏的最早的金银珠首饰出自意大利的伊特拉斯坎，约制成于公元前7世纪。中国金珠工艺，到北魏时比较盛行，珠粒饱满圆润，与镶嵌工艺巧妙地结合起来，增加了立体效果。金珠主要用在金银器表面的装饰上，是根据器物上所需金珠的数量和直径大小而特制的。金珠通常焊接在金、银器物上以做装饰，形成联珠纹、鱼子纹等。金珠的制作方法一般有吸珠、泼珠（炸珠）、研珠、赶珠、吹珠等多种。

鎏金，桃形小花饰采用了传统的金属装饰工艺鎏金技术。鎏金起于先秦，发展到汉代已达到高峰。其制作方法是，把金汞混合物(俗称金泥)用涂金棍均匀地涂抹在器表，再用适当温度烘烤，使汞挥发，金滞留于器表，经洗刷磨压，发出光亮的鎏金层。在汉代，许多贵族墓葬多陪葬有鎏金之器，有些器物还往往以鎏金与鎏银、镶嵌等工艺相结合。

九龙山汉墓出土的金带饰和金花饰，它们造型不同，但制作手法完全相同。虽然器物上所用原料较为单一，除绿松石外，仅有金片、素金丝和小金珠，但其线条流畅，主题突出。金带饰和金花饰上的桃形纹样由金丝与金珠组成，制作中将掐制成所需图案的素金丝黏在金片上，小金珠除了依次黏接在金丝掐制的外缘之外，还在带饰的上下两侧用小金珠等距离地构成了菱形的连续图案，最后焊接固定。其造型带有鲜明的西亚风格。这些器物在固原的出土，说明它是通过丝绸之路被带到这里的。

张骞"凿空"西域后，固原境内途经萧关道的丝绸之路东段北道贯通，极大地促进了当地的中西文化交流和民族迁徙融合。固原成为古道上的咽喉重镇，贡使、商贾、僧侣往来频繁，络绎不绝。诸多中西亚的金银、玻璃等奢侈品的发现，证实了丝绸之路沿线固原境内文化传播与交流的发达以及商业贸易的兴盛。中国对金银的认识和使用要晚于铜，早期中国的青铜铸造和装饰技术比较发达，其金银器工艺是从青铜器制作中脱离出来的，并成为一门独立的细金工艺。从考古资料来看，中国金银的加工技术基本上是借鉴了青铜加工技术。随着丝路的畅通，西方金属加工工艺传入中原。汉代以后，通过借鉴、吸收、融合，逐步创新、发展，形成了一套富有自己特色的冷热金银器加工装饰技法。金银器的制作技术已趋于完善，錾刻、镏金等工艺更加成熟，花丝工艺中的掐丝、编织技术脱颖而出。具有代表性成就的焊缀金珠工艺，将细如粟米的小金粒和金丝焊接在金器表面构成装饰，一直传至今日。这些金银器装饰工艺在固原汉墓中的发现，说明汉代高平与全国的发展同步，秦汉以前独特的区域文化已被大一统文化取代，且融为一体，同时证明汉代的高平经济繁荣，社会事业取得了长足发展。

青铜鎏金摇钱树
精湛的铸造工艺　精美的艺术造型

它的出土不仅反映了当时人们对理想中的神仙世界构成模式的认识，也是汉代传统的昆仑山仙境神话和升仙思想的缩影。进而说明了汉代地域之间的文化交流对人们意识形态领域所产生的影响是极其深远的。

　　摇钱树是东汉至三国时期西南地区墓葬中较为常见的一种非常具有地方性文化特色的器物，作为一种明器随葬，其中蕴含了大量的历史、民族、民俗、宗教及神话信息。这种随葬器物大概发源于东汉早期，在东汉晚期最为盛行，西晋时期已不见其踪影。一般而言，摇钱树的树干及树枝均为青铜叶片铸造而成，其上雕饰的内容和题材多为当时流行的神话故事，除常见的五铢钱纹外，呈现的图像内容主要为西王母崇拜体系的诸神灵以及仙花灵草等。

　　摇钱树的产生是人类向往和追求财富的物化表现，理应产生于当时一个共同的文化背景和神话体系之中。依汉代人的观念，昆仑山是人类灵魂

青铜摇钱树

汉（前206—220）
残高35.2厘米
2000年出土于宁夏固原县西郊

的归宿之地，蕴含着天国之意。然而人间到天堂并没有可以直接相通的道路，人们的亡灵何以到达这个理想的王国呢？中国古代神话告诉我们，人与天的沟通是通过一定的媒介物来实现的，这种媒介物一般就是所谓的"天梯"。中国古代神话中的"天梯"，又可分为两种，即神山和神树，人神均可通过它们来往于天地之间。摇钱树的功用，既是作为死者灵魂进入天国的桥梁，也是墓主人跨入天门，进至仙界的交通工具。

这件摇钱树由树体和树座构成，树体分树干、树枝和顶饰三部分，器表均鎏金，顶饰采用圆雕、浮雕、线雕相结合的手法雕塑了一个形体较大、凤冠高扬、华饰优美、圆眼、长喙伸颈的朱雀，朱雀口衔圆形联珠，两足并立。在朱雀的腹下饰有卷云纹，云端立一男子，左手举圆形鼓在头顶，右手执桴与肩平行，身体右侧同时摆放一件打击乐器，似作敲击状。树干为圆筒形，上粗下细，上部直，下部弯，形制近似"G"形，两端采用阴线雕刻的菱形纹装饰，两侧焊接悬挂3枚方孔圆钱呈三角形排列，下部两枚对称铜钱的边缘有许多芒刺，呈现出光芒四射之状。钱两侧饰青龙和白虎，左青龙独角长吻，背生双翼，张牙舞前爪搭在方孔圆钱的边缘，体态威猛；右白虎昂首翘尾，鬃毛竖立，背生双翼，作俯身爬行状。虎前饰一赤身童子似作奋力推钱状。树枝与顶饰及树干两侧的挂饰相同，为薄的叶片形，表层鎏金，均为玲珑透雕浇铸而成，树枝有五层。

这件摇钱树的雕刻图像内涵极其丰富，题材大多与仙境神话有关，大致可分为乐舞杂技与"四灵"、西王母神话图像、仙人与鸟、仙人驭龙、猴与鸟五种。铸造人物众多，构图严谨，技法简练，造型精美。其间刻画塑造出形态各异的人物形象达30多个，各种瑞禽珍兽的数量亦与此相近，这些神形兼备的图像内容所反映的并不是现实生活中的情景，而应当是神话传说中的境界。顶饰上的朱雀本身就位于摇钱树的顶端，其构成亦作为摇钱树中一个独立的单元而出现，它的象征性显而易见。凤鸟在汉代亦称朱雀，朱雀是神鸟，最为吉祥，见之大吉大福，国无灾殃。在战国秦汉时期的神话传说中，青龙、白虎、朱雀、玄武被视为守卫四方，驱逐邪恶的"四神兽"，被羽化为护送人们升仙的神物。乐舞杂技造型展现的是建鼓舞、盘鼓舞、二人对舞、人戏凤鸟等内容，整体图案既富有装饰趣味，又具有欢乐气氛，艺伎舞姿翩翩，轻盈优美，神态优雅闲适，动作轻捷，神态自若。建鼓与顶饰上人物击鼓之图像，以鼓来象征天上的雷声或雷公，并引申到天界之象征，故有"天鼓雷音"之说。还有神形各异的仙人，仙人亦即汉代图像中常见的"羽人"。秦汉时期流行长生不死之神仙家言，秦皇、汉武均迷信此说，认为可以通过求不死之药、修炼服丹等方法羽化成仙，飞升天界，故神仙身上有羽翼，体貌怪异。加之形象逼真的瑞鸟、天马、黄羊、玉兔、蟾蜍、飞仙等瑞禽珍兽和仙花灵草等，组成五彩斑斓的神话体系。蟾蜍俗称"蛤蟆"，在我国古代的传统图案中并不乏见，常有呈蛤蟆形状的怪人舞蹈于西王母之前，但在某些特定的情况下，古人也以其含钱寓招财进宝之意。至于仙人驭龙的图案造型，不但与得道升仙思想有关，而且象征天国仙境的寓意更为明显。马、羊等神兽形象，在古代神话中被看作是吉祥、和善的象征，常常被当作仙人的坐骑。天狗、玉兔、猿猴等形象也通常出现在与仙境有关的题材中，可能在当时人的心目中这些神兽被奉为上苍降下的"祥瑞"，从而寄托着人们各种复杂的祈求与期望。方孔圆钱之上结出的石榴果实，则寓意摇钱树是远古传说中能生长出铜钱的神树，钱树之神就在于人间的树木能结出果实，天上的树自然可结出铜钱，石榴即代表铜钱收取后也能生生不息，取之不尽，其中也蕴含着多子多福之含意，极大满足了人们对金钱的渴望和崇拜心理。植物和云气纹则象征着画面内的各种物像均在仙境之中。同样的钱纹的大量出现也有其特定的含义，它无疑反映出汉代社会中存在的金钱崇拜观念，也表达了墓主人祈求富贵的愿望。

值得指出的是，这件摇钱树上西王母神像处在显要位置，说明把西王母作为主体神像，再没有与之处在并列位置上的其他神灵，这与区域性独特的西王母崇拜相关联，表明这个时期人们的信仰体系单纯而明确。汉代奢侈之风直接影响到丧葬，寄托着墓主亡灵能够通过神树得道升天，羽化成仙，并在天国仙境继续享受理想中的荣华富贵的愿望。所以钱树上供奉的各种神灵除了钱纹较为特殊之外，其他均是围绕昆仑山仙境与祈求美好的人间世界这一主题而展开的，整幅作品在表达这一思想时，充满了浪漫主义色彩，观之使人仿佛置身于奇妙神秘的仙景之中，从而也烘托出了那个虚幻世界的祥和、幸福及极乐的氛围。固原西郊出土的这株摇钱树在宁夏尚属孤例，它的出土不仅反映了当时人们对理想中的神仙世界构成模式的认识，也是汉代传统的昆仑山仙境神话和升仙思想的缩影。进而说明了汉代地域之间的文化交流对人们意识形态领域所产生的影响是极其深远的。

这件鎏金摇钱树也是一件结构十分复杂的精美艺术品。从造型艺术特征而言，钱树叶片很薄，铸造行腔狭小，并且通过镂空透雕的形式，将不同造型的人物、动物组合在一起后，形成了很多结点和锐角过度点，但在器面未出现补块和浇铸不足等现象，充分说明合金的黏滞性较低，具有非常好的流动性和充型性，合金配制十分符合铸造要求。在结构上，构成鎏金钱树的三个主要组成部分，即树干、顶饰和树枝通过相互插嵌的形式进行组合，并且各个组成部分的空间造型、装饰内容以及树干所连接的附件各自不同，因此这件鎏金钱树在制作工艺上，采取了块范分铸法进行铸造，即将树干、顶饰和树枝分为三个独立的单元分别进行制作，这样既能简化制作工艺，又能解决树体庞大、结构复杂的铸造难题。树枝从叶片的艺术特征来看，不同类型的叶片均呈平面透雕结构，所具有的共同点是在主体叶脉的中间位置留有铸造披缝，而且构成的镂空装饰图案具有两面对称的特征。

陶质货泉叠范
完整精美的钱范

汉武帝先后○次巡省，采取多种政策措施，鼓励发展生产，到西汉末期，六盘山一带出现了"牛羊塞道，饶谷多畜"的繁荣景象，已经具备了铸造货币的政治经济实力。

钱币是商品交换的媒介，是社会商品交换形成规模后的产物。我国古代钱币经过各个历史时期的发展，形成了系统完整、内容丰富、脉络清晰、内涵博大的中国古代钱币文化。它不仅承载和反映了我国古代政治、经济、民俗等方面的历史，其精美的文字书法和铸造技艺也为世人称道。我国古代钱币出现较早，春秋战国时期即有布币、刀币、圜钱等形状各异的钱币，体现了我国早期钱币的多元化和发展演进过程。秦汉到隋唐时期，中国古代钱币经历了秦朝统一货币、西汉前期货币政策调整、王莽货币"改制"几个重要发展阶段。宁夏固原博物馆馆藏有一组出土于隆德县的王莽时期的陶质货泉钱范，形体完整，制作精美，泥沙混合质地经低温烘烤而成，是陶质钱范中难得的精品。

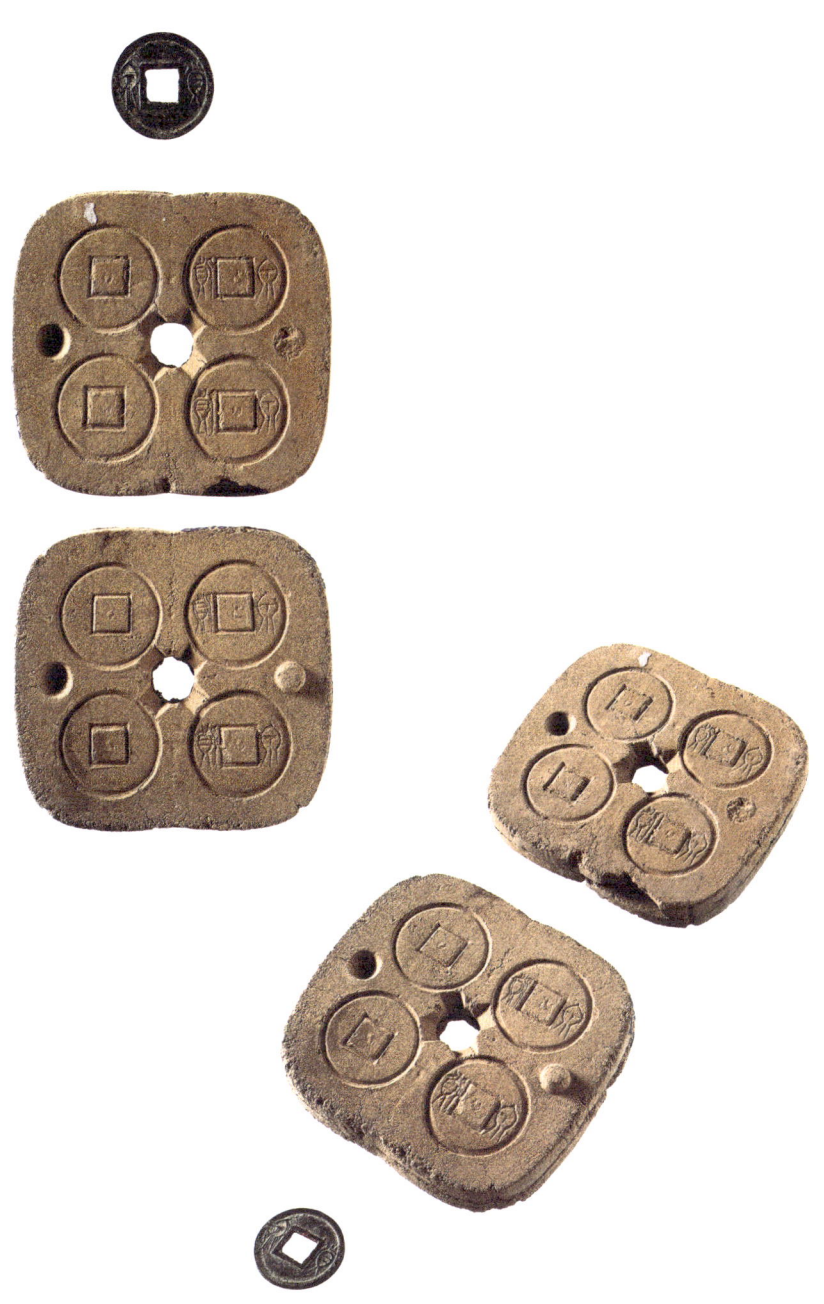

没有使用过的钱范

没有使用过的钱范

　　宁夏固原博物馆馆藏的这批钱范为王莽时期制作货泉的钱范，当时出土的数量较多，但由于其质地为泥沙混合，比较松软，大部分被毁坏。固原博物馆只收回了较为完整的 6 副钱范及叠范座 2 个。钱范的形状和大小不一，有使用过的和没有使用过的两种。

　　使用过的钱范范面呈腰鼓状，边缘没有边框，为黄土与细沙混合质地，经过低温烧制而成。范中心有圆柱形浇铸口，浇铸口周围有 6 条分流槽呈辐射状分别与钱模相连，分流槽在连模处为方形。在范的弧边处，分别有三角形子母榫两对。范设钱模 6 枚，3 背面 3 正面分两行排列，钱模直径为 2.1 厘米、穿为 0.4 厘米。"货泉"二字及廓均为阴刻，"泉"字直竖中断。这是一副使用过的钱范，使用痕迹明显，表面呈焦黑色。

　　没有使用过的钱范呈圆角四边形，周围无边框，为黄土与细沙混合质地，经过低温烧制而成。范中心有圆柱形浇铸口，浇铸口周围有四条方形

使用过的钱范

分流槽与钱模连接,两边有乳突状子母榫一对。设钱模四枚,两背面与两正面分左右排列,钱模直径2.2厘米、穿0.45厘米,"货泉"二字及廓也为阴刻,"泉"字直竖中断。该范没有使用的痕迹。钱范还带有叠范座,圆角多边形,一面较光滑平整,另一面较粗糙,光滑的一面中心有黑色烧灼痕,这与钱范中心浇铸口的位置相合,铸钱时钱范放在底座上。

这批货泉钱范,均为叠范,出土时虽然绝大部分毁坏,但博物馆收回的6副钱范,范面模印的钱文工整,笔画纤细秀丽,形体基本完整,制作十分细致。从制作材料而言,材料色泽泛黄,结构呈微小沙粒样品体,且有一定强度。应该是钱范制作过程中,在所使用的泥土中掺了细小沙粒,并加入了适量脂松香粉(脂松香是一种含有各种同分异构树脂酸的熔合物,具有防潮、防腐、乳化、黏合等性能)充分调和,使柔性增强,易于脱模。然后把翻制好的钱范放入温火炉内烘烤,使其质地材料中所含脂松香粉熔化，细沙料与脂松香粉互相黏接，产生强度。从制作方法而言，这批货泉钱范有的经过使用，大部分没有使用，出土时每套钱范都伴随同出有1~2枚货泉铜钱，同出的货泉铜钱恰好和范面模印钱痕大小吻合，应是以货泉铜钱作模翻制钱范的方法制作的。

这批货泉钱范在宁夏南部是首次发现，灰坑内伴随出土有大量钱币和汉代绳纹陶，说明这是一处较具规模的制范并铸币的作坊。从钱范和底座看，这种铸币方法就是叠铸工艺。铸造货泉钱币的工艺流程大致为：先把做好的钱范套合起来，放在底座上，为了防止由于泥沙范质地松软而引起开裂现象，在范的周围用黄土埋起来，然后才把熔化好的铜液灌入钱范的浇铸口，待冷却后取出钱范打开，一枚枚铜钱应运而生。值得注意的是剪轮货泉，过去人们普遍认为，铸造剪轮钱是经济凋敝，社会落后，为了节省原材料不得已而为之，但是该遗址出土的剪轮货泉，无论大小，还是质量，都不逊于出土的其他类型的货泉，应该说，剪轮钱是钱币大家族中的一个品种。

这批钱范的出土实证了西汉晚期王莽政权时期与东汉早期宁夏六盘山一带的社会经济有了长足发展。隆德县位于六盘山西麓，西汉早期属北地郡管辖，为边鄙之地，经济形态延续了春秋战国时期的畜牧业经济。西汉中期，北方匈奴崛起，时常南下寇略不止，公元前166年，匈奴单于率"十四万骑入朝那、萧关，杀北地都尉印，虏人民畜产甚多"。遂至今六盘山一代，并派骑兵入烧回中宫，威逼汉都长安。汉武帝时，设置安定郡，治高平（今固原），隆德遂属安定郡管辖。汉武帝先后 6 次巡省，采取多种政策措施，鼓励发展生产，到西汉末期，六盘山一带出现了"牛羊塞道，饶谷多畜"的繁荣景象，已经具备了铸造货币的政治经济实力。同时这批钱范也证明了当时经济领域中最重要的行业手工业在六盘山一带发展良好，尤其在制陶业与青铜、铁等金属铸造业方面更加突出，制作技艺达到了较高的水平。

一刀平五千
中国古代唯一的错金工艺钱币

> 中国历代钱币在形制、版式、图案、装饰及制造技术、文化内涵等方面各具特色,反映了几千年来中国政治、经济、文化的发展史和不同时代的社会生活和政治经济制度、审美情趣及文化发展轨迹。

钱币是文化的载体,中国是历史悠久的文明古国,是世界上最早使用货币的国家之一,长期的大一统格局塑造了中国自成体系的货币文化。中国历代钱币在形制、版式、图案、装饰及制造技术、文化内涵等方面各具特色,反映了几千年来中国政治、经济、文化的发展史和不同时代的社会生活和政治经济制度、审美情趣及文化发展轨迹。

秦统一中国后行用半两钱,从此中国货币定型为方孔圆钱。汉朝建立后,在货币流通领域"延秦旧制",允许半两钱继续流通,但以秦钱币难用,令民铸荚钱。由此民间随意铸钱,市场流通的大量秦钱被消融铸钱,导致市场混乱,出现"或用轻钱、百加若干,或用重钱、平称不受"的局面。汉武帝铸行五铢钱，确定了中国封建王朝钱币的重量，成为两汉时期主要流通的货币，直到唐朝建立，铢钱才正式消亡。可以说五铢钱是中国历史上使用得最久、最成功的一种钱币，又是标准重量货币，即使在唐武德四年宣布停止使用五铢后，新钱的重量仍以五铢作为标准。

公元 8 年，王莽代汉建新，宣布行新政，史称"王莽改制"。为了打击刘氏势力，同时为了能够解决西汉末年国库空虚的情况，王莽在没登基之前就开始对整个国家实施了货币改革，先后对全国进行了四次货币改革，发行计算冗繁、铸工精美的莽钱。其间推出的"一刀平五千"，俗称"金错刀"，是我国古代唯一用错金工艺制成的钱币。

宁夏固原博物馆珍藏有 2 枚错金一刀平五千，这环首方孔连接小刀身的货币是西汉末年王莽货币制度改革的产物。正面铸有"一刀平五千"的铭文，环首上下"一刀"两字用黄金镶嵌，俗称"错金刀"。环首为一方孔圆钱，环文上曰"一"，下曰"刀"，字为阴刻，字陷处填以黄金，并且加以打磨，使字面与钱面平齐。刀身上"平五千"三字，为阳文小篆铸出，字体工整，风格纤秀。其中"平"是"值"的意思，即表示一枚刀币价值等于五千。整体造型独具韵味，古拙稳重，透露出秀美气息。币面铭文"一刀平五千"五字书写流畅，气势生动，毫不呆滞，承袭了战国时期币面铭文"一笔过"的特征，币面深厚质朴的篆隶文字与厚重笃实的钱体浑然一体，被历代钱币收藏家誉为"钱绝"。

"一刀平五千"制作工艺精湛，是中国最早使用且唯一用错金工艺制成的钱币。钱币上的"一刀"二字采用了特殊的镶嵌黄金工艺——错金工艺。汉代是中国金银错工艺最盛行的年代，那时所说的金银错，就是把金银涂画于青铜器上的意思。后世延伸其义，就是凡是在器物上布置金银图案的，就可以叫金银错。由于一刀平五千制作精美、造型奇特且存世稀少，故历代文人雅士对其有过不少描绘和赞美，如张衡"美人赠我金错刀，何以报之英琼瑶"，杜甫"金错囊徒罄，银壶酒易赊"，韩愈"尔持金错刀，不入鹅眼贯"，钱昭度"荷挥万朵玉如意，蝉弄一声金错刀"等诗词。清代学者、钱币收藏家戴熙在《古泉丛话》中说："（王莽）为古今第一铸钱手，人皆有一绝，王莽为钱绝。"说的就是汉代王莽时期铸造的形状奇特的"金错刀"钱币。

公元8年至公元23年，王莽在位，在内忧外患的情况下，他希望通过改制来缓和社会矛盾，从而树立自己的威信，巩固自己的统治。政治上，将一大批政府机构和官职改换名称。经济上实行了王田、私属制、五均、赊贷、六筦（管）和币制改革，史称"王莽改制"。其中他大刀阔斧进行货币改革，除发行五铢钱外，还发行了"一刀平五千""契刀五百"和"大泉五十"三种大面值钱币。按照王莽的币制，一枚"一刀平五千"金错刀相当于5000枚"五铢"钱（小钱），两枚"一刀平五千"金错刀可以换取黄金一斤。这是货币史上少有的大面值钱币，造成了严重的通货膨胀，使货币的流通和信用受到了严重的削弱，使财政经济陷于瘫痪。尽管王莽的币制改革本意是削弱豪强大族的经济实力，但由于币制复杂混乱，导致民间交易很不顺畅，造成了民间物价的不稳定。并且每次改制的钱币大小不断缩小，价却越来越高，实质上剥削了普通民众的财富，以至于"农商失业，食货俱废，民涕泣于道"，最终导致改革失败。王莽新政经历短短15年的时间，就被以赤眉军、绿林军为首的农民起义军推翻了，消失在历史的长河中。只有他发行的精美"一刀平五千"系列货币向今人展示高超的铸造技艺，给中国钱币史上平添了璀璨多彩的一笔。

一刀平五千

西汉（前206—25）
通长 7.5厘米，环径2.9厘米，宽1.5厘米

绿釉陶扁壶

西域乐舞 翩跹灵动

> 舞蹈动作甚为急剧,多取圆形,是以环形急蹴、跳身转毂、反手叉腰,首足如弓形,反立毡上,复又腾起而言欤?

这件绿釉陶扁壶腹部浮雕乐舞图,翩跹灵动,异常精美,是北朝时期釉陶器的典型代表。这件扁壶,通体施绿釉。扁腹,腹边缘饰一圈联珠纹,腹面中间为一组7人乐舞的图案。图案正中一人,头微仰,右臂弯曲舞过头顶,左臂向后甩动,右脚后勾,左腿微曲跃起,身躯扭动,在圆形台座上翩翩起舞。两边舞伎双腿曲蹲,击掌按拍。左右共有4个乐伎,皆双腿跪踞在圆形台座上,分别弹琵琶、吹笛、击钹、弹箜篌。图中人物皆深目高鼻,头戴著帽,身着窄袖翻领胡服,足登靴,为胡人形象,乐舞为胡腾舞。其造型工艺精湛,图案表现的是来自西域的胡腾舞或胡旋舞,因为西域舞在北朝至隋唐之际风靡一时,皇室贵族与上层人士特别推崇与欣赏,

绿釉陶扁壶

北朝（386—581）
高11厘米，宽9.3厘米
1982年出土于宁夏固原城内小南寺巷

也说明当时固原中西文化交流繁荣。

浮雕在该绿釉陶扁壶上的乐舞真实形象地反映了北朝至隋唐间内地广泛流行的西域胡腾舞或胡旋舞。胡腾舞由西域传入中原,最早产生于中亚,典型特点在于"腾"字,即用双腿踢蹬腾跳,舞者以男性为主,腾踏、跳跃、急蹴环行,反手叉腰,有弄目、合颌、耸肩等形式,突出"腾"字,是一种节奏性很强又有乐器伴奏的男性舞,体现了西域雄豪奔放的民族性格和风趣诙谐的民族情调,形成了独具一格的西域舞蹈的艺术特色。北朝时期,胡腾舞在华滥觞,入华粟特人墓葬中发现的胡腾舞图案,应该是其标准图像。在考古资料中看到的胡腾舞资料,舞蹈者都是一人,伴奏者或多或少,有2人、4人、6人,甚至还有多人伴奏的。乐器也是多种多样,其中使用最多的是琵琶和横笛。关于胡腾舞的详细描述有唐代刘言史《王中丞宅夜观舞胡腾》和李端的《胡腾儿》两首诗,依二诗所言,舞蹈动作甚为急剧,多取圆形,是以环形急蹴、跳身转毂、反手叉腰,首足如弓形,反立毡上,复又腾起。

与胡腾舞相似的是胡旋舞,原出于中亚一带,由西域传入后,受到中原各族人民的喜爱,尤其得上层统治阶级偏爱。并有不少唐诗描述了胡旋舞的丰姿,白居易《胡旋女》最为著名,"胡旋女,胡旋女,心应弦,手应鼓。弦鼓一声双袖举,回雪飘飘转蓬舞,左旋右转不知疲,千匝万周无已时。人间物类无可比……"元稹《胡旋女》也盛赞胡旋女的柔美,"胡人献女能胡旋。……蓬断草根羊角疾,竿戴朱盘火轮炫,骊珠进弭逐飞星,虹晕轻巾掣流电。……万过其谁辨始终，四座安能分背面……"可见，胡旋舞的旋律快、节奏快、转圈急，舞者足不离地，两足交替，快速旋转。

　　该扁壶上乐舞伴奏者使用的乐器主要有铜钹、琵琶、竖箜篌、笛等。铜钹属打击乐器，多为佛教僧人法会时所用，形如小瓶盖，源于西亚，随亚历山大东征传至印度，约于汉代又随佛教东传至龟兹。在十六国初期传至中原。唐代《通典》记："亦谓之铜盘，出西戎及南蛮，其圆数寸，隐起如浮沤，贯之以事，相击以和乐也。"琵琶出于胡中，马上所鼓也。推手前曰批，引手后曰把。像其鼓时，因以为名。据考古发现，琵琶最早产生于西亚及伊朗，然后传入龟兹，经龟兹人民的改造，传入中原。箜篌为波斯语音译，竖箜篌约在公元前3000年在埃及已经使用，后又东传至亚述、波斯，他们叫作"桑加"，有弓形的和角形的不同形制，是一种小型的能抱在怀里弹奏的箜篌。而后西亚、波斯传入西域的多竖式演奏，故名为竖箜篌。笛是既古老而又在民间普遍流行的乐器，从汉晋直至元代，是石窟壁画中常用的乐器。

北魏漆棺画
中西文化和南北地域文化融合体

> 画中出现的仙人，表现了"生时长生、死后升仙"的神仙思想。东王府、三足鸟、仙人及大量的奇禽异兽是汉代壁画与画像砖中常有的题材。

一条铁路，一座墓葬。听起来二者似乎没有什么关联，然而20世纪70年代在宁夏固原就有相关的故事发生。一条铁路就是宝（鸡）中（卫）铁路，一座墓葬就是固原东郊雷祖庙村著名的北魏漆棺画墓。当时，国家为了支持宁夏西海固地区改变落后贫瘠的状况，计划修筑宝中铁路，连通当地北上南下的交通，加快改变贫困状况。1973年夏，国家铁路勘测队在固原县城东的大洼山西麓、清水河东岸附近钻探铁路地质构造时，突然发现地质结构异常，在距地表深5米多处时土层坚硬如钢，钻到5.8米处时，碰到了砖块，再往下约3.9米处却为空室，当勘探工人将要把钻机钻杆拔出地表时，随着钻头的出孔，孔内冲出了一股神秘的青色烟雾气体。

对这一异常发现,铁路勘测队立即报告了当时的固原地区革委会,革委会通知固原文物工作站前去查看情况。经过不懈努力,探明这里是一处古墓葬,并于1981年对这座古墓进行了抢救性清理发掘。墓中出土了漆棺画、波斯银币、透雕铜铺首、镂空铜牌饰、铜鐎斗、龟形铜灶等大批器物。依据出土器物确定,该墓属北魏孝文帝太和改制年间(486—499),确切年代可定在太和十年(486)左右。其中的棺板漆画,无疑是考古发掘中有关北魏绘画实物中最重大的发现,其内容之丰富多样、装饰绘制之精丽华美,明显超过了考古出土的同时代同类绘画作品。

由于铁路勘探队在钻探时钻通墓室,导致墓室大量进水,两具棺木均腐朽塌毁。1982至1983年间,美术专家们对漆棺画进行拼对临摹,并于1988年下半年在北京全面完成了漆棺画的保护和修复工作,同时复制复原了棺具原形,贴好了漆画残片,运回固原博物馆保存至今。漆画上大面积的花纹均先贴金箔,然后用泥金描绘的工艺,为我们进一步研究贴金、描金在绘画中的运用以及髹漆绘画的运用,提供了较完整的新的实物资料。

复原后的漆棺画,漆棺上精美的漆画绘制于男性棺具之上,漆棺盖板、前挡及左右侧板大部分漆画尚存,清晰可见,精美无比,被确定为国宝级文物。棺具形制为前高宽、后低窄。盖为两面坡式,交角约有140度,前端呈圭形,前宽后窄,长180厘米,宽87~105厘米。其中棺盖边缘画有忍冬纹饰带,正中从顶端而下直通棺尾,画有一条呈波状饰有水涡纹的金色长河,长河中点缀有翱翔的白鹤和戏游的鱼、鸭等,象征着天河。棺盖

漆棺

的上方，天河两侧，有两座似对称的悬垂帷幔的屋宇，单层庑殿顶，鸱尾翘起，有人字形斗拱。屋顶上方正中各画有一只金翅鸟，昂首展翅作欲飞状。左边屋顶右上方绘一红色太阳，中有三足乌，右边屋顶左上方画有一白色月亮，中有墨线。左边屋内榻上坐一中年男子，盘腿袖手，头戴黑色高冠，角巾披肩，身着红色长袍，左右站立无冠侍女。右边屋内为一中年女子，室内设置、人物服饰及姿态与左室相同，只是在屋外两侧站立着高冠、长衣袖手侍从。左屋左侧有黄底墨字榜题"东王父"三字，右屋榜题已缺，应为"西王母"三字。天河两侧图案为缠枝双结卷草图，中间点缀有珍禽、怪兽、仙人等。屋顶上的鸟形，受到了汉代凤鸟装饰的影响。画

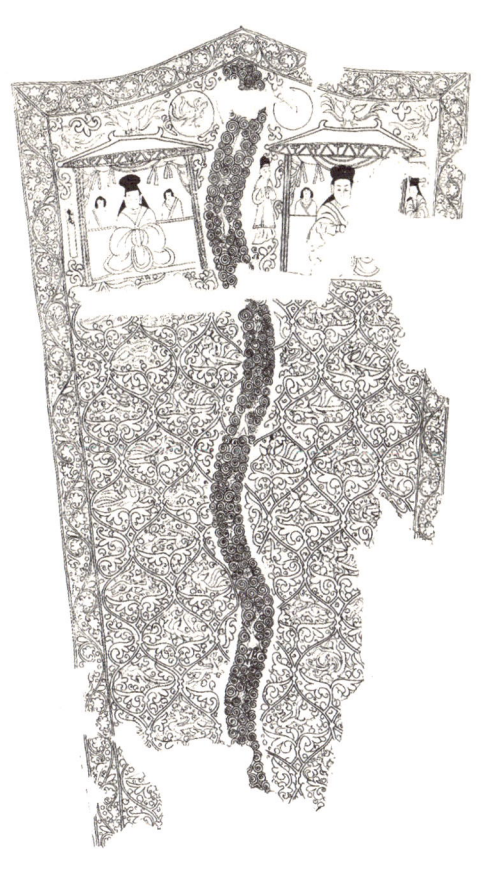
棺盖线图

漆棺棺盖

漆棺前挡

中出现的仙人，表现了"生时长生、死后升仙"的神仙思想。东王府、三足乌、仙人及大量的奇禽异兽是汉代壁画与画像砖中常有的题材。

漆棺前挡高 52 厘米、宽 66 厘米，画面是反映墓主人生前生活的饮宴图。正中有一屋宇，人字形斗拱，屋内长方形榻上屈膝斜坐一中年男子，头戴高冠，身着宽袖圆领长袍，窄口裤，腰束带，足穿尖头乌靴，是鲜卑贵族的装束。右手执耳杯，小指翘起，左手握尘尾。主人两侧各有两名侍从，左边一侍从头戴高冠，上身着交领宽袖大衣，下身穿宽腿裤，足穿乌靴，一手执耳杯，一手下垂。另一侍从似女性，身旁置放一个长颈壶。右边两侍从，腰束带，束腿，其下两侧为忍冬纹图案。画面下部左右分别绘有一个人物，束发无冠，后有头光，硕耳戴环，裸胸佩饰璎珞，颈着项圈，手臂着钏，长眉大眼，嘴部有胡须，侧身斜立，天衣绕臂而下，弓臂于耳

漆棺右侧板

际,是佛教乐伎形象。画中人物均以写实为主,精神面貌表现自然,其中身穿鲜卑服装而持尘尾的人物形象在北朝同期绘画中罕见。画面上侍女旁放置的长颈壶具有浓郁的西亚文化色彩。

  漆棺侧板右侧高27厘米、长190厘米,左侧高61厘米、长175厘米。两侧依内容可分为上中下三栏,上栏为孝子故事画,中栏为装饰性图案,联珠龟甲纹,中间是绘有侍从的直棂窗,下栏为狩猎图。上栏孝子故事,以横卷方式展开,画幅以三角状火焰纹图案相间,故事情节的发展及主要人物的行动方向为右侧由前向后发展,左侧恰好相反,由后向前发展。故事是由数幅具有连续性的单幅画面构成,每幅有榜题。右侧有蔡顺、丁兰、尹伯奇等孝子故事,其中以尹吉甫之子尹伯奇的故事最为少见。左侧是郭巨与舜的故事,以舜的故事最为有趣,有11则,画面构成一连环故事画,

漆棺左侧板

有榜题。表现郭巨的画面有3幅,榜题5方。值得注意的是舜的故事,其故事在《孟子·万章》《史记·五帝本纪》中均有记载,而在民间也广为流传。舜的故事在其他考古出土物,如北魏司马金龙墓漆屏风、宁懋石室孝子石棺上等有所表现,其形象均为高冠博带,并有娥皇、女英侍立两侧,道貌岸然。而漆棺画上的舜,两次出现裸体形象,似一顽童,完全摆脱"帝舜"思想束缚。且表现内容丰富,从谋害舜开始,至舜父子和好,故事首尾连接完整。表现形式由过去的单幅,发展成数十幅有统一格局的连环形

式,且每幅画面都有说明内容的榜题,规矩整齐,在我国连环画史上是一种进步。

上栏与中栏之间相隔有云纹装饰带,之下是三排联珠龟背纹,左侧横向排列有圆环,其内对称地画三种图样,主要为两个裸体人物,圆脸,眉目清秀,肩臂上缠绕飘带,有圆形头光,翩翩起舞,似为供养天人。另两种图样为怪兽、奇禽,姿态多变各异。左右侧板的中部画有长方形的直棂窗,窗后画有头戴高冠、身着无领衣的男女,边饰水波纹。中挡与下挡也有云纹饰带相隔。下格为狩猎图,画面山峦突兀,猛兽狂奔,武士射猎,有的猎手挽弓待发,有的猎手正投掷武器。反映了鲜卑族"射猎为业"的民族特点和生活风俗。另外,还有一块画面,有两个人物,无冠,着广袖长衣。一个长发飘举,两臂前后伸张,另一人右手持环首刀作自刎状,而左臂前伸已将自己的头颅提在手中。人物以山峦为背景,内容为《宴子春秋·讷谏篇》中"二桃杀三士"之故事,这种题材常见于汉画中,南北朝时未曾出现,画虽残缺,但人物动态夸张,感染力强,仍为难得的珍迹。

漆画整体展示了来自中西亚波斯、嚈哒和中国北方鲜卑等民族的文化因素与中国传统"生时长生，死后升仙"丧葬文化紧密结合的内容，彰显出了中西、南北地域文化的集成与糅合，既显现出了诸多民族的文化因素，又见证了中西文化交流的史实。一是鲜卑族文化风格。漆画的内容具有明显的鲜卑民族风格，形状前高宽、后低窄，与内蒙古鲜卑墓葬出土的棺木形状相同。内容和风格笼罩着浓厚的鲜卑色彩，前挡上的饮宴图，男子着鲜卑贵族装束。侧挡上的孝悌故事画，也保留了夹领小袖的鲜卑服饰。而棺盖画上则是褒衣博带式的服饰，这种胡、汉杂混现象，体现了中国北方草原文化和中原文化初步融合的时代气息。二是嚈哒文化风格。5—6世纪时，嚈哒是中亚的游牧大国，活动在阿姆河和锡尔河流域的索格底亚那及巴克特利亚一带，控制着中国通往西方的国际通道。嚈哒与北魏通好，往来频繁，从5世纪中叶到6世纪中叶，嚈哒派使臣向北魏朝贡近30次之多。前挡宴饮图上主人饮酒时的坐姿，具有明显的中亚风格，身着鲜卑装，脚掌相对而坐于榻上，右手执耳杯，小指翘起，左手握尘尾，表现出一派嚈哒人的作风。漆画绘制于孝文帝太和年间，正值嚈哒强盛时期。527年（孝昌三年），波斯嚈哒使者向北魏进献雄狮，路过萧关道上的重镇高平（今固原），恰逢高平起义，雄狮被起义首领万俟丑奴劫留，并因此改其政权年号为"神兽"。这说明固原与嚈哒有联系，棺画出现嚈哒人的风格就是明证。三是佛教乐舞的显现。左右侧板画面中联珠纹圆环内的内容是正在起舞的舞伎，且舞姿和形态不尽相同。总体上讲，每个圆环内的舞伎成对，似为一对男女。其中女舞伎裸胸、丰乳、体态丰满、屈臂弯肘、耸肩歪头，所执长巾随舞绕臂飘逸，手臂和腿部动姿各有不同，没有明显的扭腰出胯动作。男舞伎面相方颐，络腮胡须，着无领紧身内衣，无裸胸，舞姿动作看似幅度较大。这种长巾绕臂飘逸的裸胸舞伎是受到西方有翼神像与佛教相结合而形成的艺术形象，沿着丝绸之路传入中国，使佛教乐舞成为南北朝时期中国代表性的舞蹈形式。

这具北魏漆棺画是中西、南北多种文化交汇的集成体，因为宁夏南部的固原，在北朝至隋唐时期，是著名的北方重镇之一，被统治者视为"国之藩屏""霸业所基"。不仅是丝绸之路上的咽喉孔道，而且是中西文化交流的大通道，当时在这里兴起了"中亚文明之风"，北朝丝路遗存大量发现，尤其是漆棺画上出现胡、汉多民族的文化杂混风格，就不难理解了。

北魏土房子模型

墓中房屋 全国仅有

> 这一发现开了同期考古发现的先河,这种墓中房屋,在全国尚属首例,绝无仅有,无疑是重大发现。

1982年夏,宁夏彭阳县西南的新集乡石洼村发现两座古墓。经过为期半年的考古发掘,1984年在当时发掘编号为1号墓的封土堆下有惊人发现。考古工作者经过仔细的清理,在土圹前端发现了一座长条形的土筑类似房屋顶部瓦垄的形状,瓦垄表面用白灰涂过。考古工作者沿着瓦垄慢慢剔除,逐渐扩大,等全部剔除后,呈现在大家面前的竟是两座土筑房屋模型,两座模型均为长方形。其中一座房屋模型仅用夯土剔出略有倾斜、前高后低的瓦垄状,放置在过洞上方与地面平行处,意为模拟门楼。另一房屋模型为夯土筑成长方形后剔成房屋模样,制作精细,造型真实,顶部为两面坡式,两坡各有13条前低后高的瓦垄。屋脊仿砖砌,中央略低,

土房子模型

北魏（386—534）
长4.84米，宽29米
1982年出土于宁夏彭阳县新集乡

两边略翘起，两端置鸱尾。正面刻出门和直棂窗，门在中部，左扇关闭，右扇半开。整个房屋正面及顶部涂成白色，门窗和檐头涂成朱红色。两个房屋模型之间由天井连接，这种组合恰好似一完整的院落。

依据汉魏隋唐墓多仿墓主人生前居所的考古发现推测，该墓葬不失有模仿墓主人生前居所的完备形式，使其成为死者灵魂享有生前饮食起居的意义。这一发现开了同期考古发现的先河，这种墓中房屋，在全国尚属首例，绝无仅有，无疑是重大发现。汉唐时期的墓葬多见模仿墓主人生前居所，并随葬种种生活用具明器，意在使墓葬形成一个完备的死者灵魂饮食起居之所，是体现墓主人生前身份的一种形式。同时，土筑房屋的结构，为研究魏晋时期房屋建筑提供了依据。1996年，国家文物鉴定委员会将北魏土筑房屋模型和同时出土的2件具装甲骑俑、1件持鼓俑、1件吹角俑、1件风帽俑及1件陶牛车定为国家一级文物。

具装甲骑俑

武士俑

牛车

伴随着土筑房屋模型的发现，该墓出土了诸多陶俑，共整理修复陶俑一百多件，陶俑群的出土，成为该墓的又一大特征。俑群包括武士俑、风帽俑、文吏俑、伎乐俑、女侍俑和甲骑具装俑等，种类繁多，以黑笔勾描出俑的眉、目、嘴、胡须，俑的神态生动，有些具有胡人形象。俑群明显承袭了十六国北朝墓的一些基本特征，在特征性的四组内容中，没有第一组镇墓兽。第二组出行仪仗，以牛车为中心随葬武士俑、甲骑具装俑、文吏俑、女侍俑。其中武士俑，除面部表情及高矮略有差异外，姿态、服饰基本相同。甲骑具装俑形制相同，马上人物头戴鱼鳞甲兜鍪，面部施粉，有须，身着带盆领的鱼鳞甲，马身披具装铠，腿部有甲片，无马镫。两颊有护板，头戴面帘。马腹部中空，马腿、马尾为另制套接。文吏俑头戴冠，身着长袍，腰束带，双手拢于胸前，身首分制，套接而成。女侍俑头梳高髻，身着束腰长袍，双手拢于胸前。第三组伎乐俑中，有8件吹角俑、3件击鼓俑、1件抚琴俑、1件吹竽俑，形成一组鼓吹俑。第四组是后厨明器，有陶磨、陶灶、陶仓、陶碓、陶井及鸡、狗等模型，基本上都是两两组合。

俑群中的乐俑组合很值得我们注意。从陶俑及遗留陶乐器模型来看，这是一组鼓吹乐俑。以鼓角为主的军乐，当时谓之"横吹"。"横吹"是西汉时期出现的另一种军乐，晋崔豹《古今注》载："横吹，胡乐也。博望侯张骞入西域，传其法于西京……乘舆以为武乐，后汉以给边将军。和帝时，万人将军得用之。"说明其源于西域，后发展为军乐，且边地守将用之，其主要使用的乐器是鼓和角。据《宋史·乐志》所载："西戎有吹

持鼓与吹角俑

金者,铜角,长可二尺,形如牛角,书籍所不载。或云出羌胡,以惊中国马。"《晋书·乐志》也说:"胡角者,本以应胡笳之声,后渐用之横吹,有双角,即胡乐也。"可见,角源于西北游牧民族地区,称胡角,因胡角横吹,故称为"横吹"。两汉魏晋南北朝时期流行于军中,使用者都是军事将领。十六国北朝时期,匈奴、鲜卑、羯、氐、羌等北方少数民族相继进入中原并建立了自己的政权,其军队以骑兵为主,喜用"横吹",致使其盛行。该墓虽未见墓志,但墓葬规模宏大,随葬陶俑众多,墓主人应是当时这一地区的军事首领。因为北魏早期今彭阳一带属平凉县所辖,平凉县治阳晋川。阳晋川即今红河,今新集恰处于阳晋川一带,北魏军队于神䴥三年(430)十二月讨平平凉,占领这一带,太延二年(436)在固原置高平镇,完全控制了这一地区,这两座墓就是见证。墓中出土的伎乐俑群,是难得的"横吹"乐实物材料,鼓、角、瑟乐器模型是古代音乐史中少见的参考资料。

吹角俑(局部)

"横吹"乐中主要使用的乐器角和鼓,在该

墓中都有出土。其中的吹角俑，双手托一长而略有弯曲的角，鼓腮吹奏。《旧唐书·音乐志》载："西戎有吹金者，铜角是也。长二尺，形如牛角。"实际上，铜角是西域很古老的乐器。《晋书》称："有双角即胡乐也。张博望入西域，传其法于西京。"由此可知角在汉代就已经使用了。元朝军队广泛使用，明朝被称为"号筒"，清代称其为"大铜角"，最早应为羌人、匈奴所用，史籍中所称的胡角，与铜角实为同一乐器。大鼓模型出土时不是平置，而是侧放，以绳系中起脊处悬挂，以两桴敲击鼓的两面。这种鼓泛称为大鼓，汉文文献记载为捆鼓，又作刚鼓，埒鼓。捆即扛，意为鼓很大，必须由人抬或扛起，在魏晋时被纳入卤簿制度，当时的墓葬壁画中多有牵涉，可见大鼓的使用范围很广。

北魏贠标墓志砖

书法艺术从篆隶向行楷转化中的标准魏体铭刻

志文字体苍劲有力，结构严谨，挺秀，刻工娴熟，是我国书法艺术从篆隶向行楷转化过程中魏书形成中的标准魏体铭刻，是"魏碑"书体的代表，具有重要的价值。

　　北朝至隋唐时期，是中西丝绸之路繁荣昌盛和畅通的重要时期，固原是长安往返中西亚丝路东段北道的咽喉孔道之地，僧侣、商贾、贡使往来络绎不绝，活动频繁。由于北朝立碑不受束缚，所以立碑之风极为盛行。无论在数量上，还是在书法造诣上，这一时期的碑都可以与东汉的隶书碑相媲美。北朝的石刻，不仅仅指具有碑的形式的石刻，其涵盖面宽泛，包括墓志、塔铭、摩崖、造像题记、幢柱刻经等。在书法艺术上，楷书在北魏至北周的整个北朝时期，形成了独具一格的特征，被称为"魏碑"，即魏碑体。其基本上属于楷书范畴，但具有时代特色，崇尚自然和天趣，开创了这个时代的书风，成为当时书法艺术的高峰。

墓志是中国古代丧葬制度持续发展的产物，有固定的形制和专门的文体，主要记述死者姓名、卒年和生平事迹。墓志滥觞于秦汉之际，发展于魏晋，完善于北魏，兴盛于唐，延续至明清，经历了由砖刻墓志到石刻墓志，由碑形墓志到方形墓志的发展历程。墓志的产生与墓葬中标志墓主人身份的社会习俗有很大的关系。商周时期的墓葬发掘中尚没有发现明确用于说明墓主姓名的铭刻，现在人们是从当时陪葬的青铜器和器物上的铭文，以及文献记载来推测墓主身份官职。墓志始于秦汉，发现最早的有秦劳役墓瓦志和东汉刑徒砖志，那时墓志少见也没有形成风气。三国时期，魏王曹操提倡俭朴、薄葬，禁止树碑为个人立传，一般的士大夫阶层遂将死者的生平及歌颂文辞镌刻于一较小的石面上，将其置放在棺内随葬，后世出土，即称为墓志。墓志起源很早，但真正定型则是在南北朝时期，墓志砖是墓志的最早形式，并在以后广泛使用。北魏时期使用志砖者多为下层人，中高级官吏基本上都用石质墓志，并且在洛阳地区大体形成一定的等级规范，边镇地区像负标这样身居刺史一级的高官，仍然使用砖质墓志，是极为罕见的。

宁夏固原博物馆藏有一块北魏时期负标墓志砖，是目前中国境内发现的北魏时期具有重要史料和书法研究价值的墓砖。负标墓志砖呈长方形，墓志正面及右侧面均有铭文，算及右侧面铭文共有8行，每行16至19字不等，共计130字，其中有两个字缺损。右侧面竖题"兖岐泾三州刺史新安子负世墓志铭"。正面志文以魏体书阴刻，凡7行116字，除上部一字

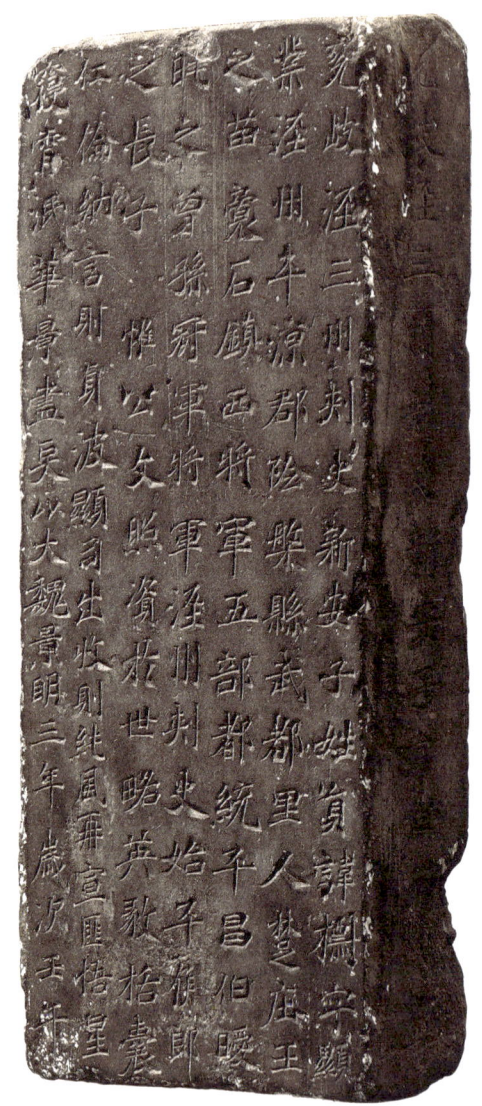

负标墓志砖

北魏（386—534）
长36.5厘米、宽16.7厘米、厚6.5厘米
1964年出土于宁夏固原县彭阳公社

残损外，其余基本完好。志文如下：

> 兖、岐、泾三州刺史，新安子，姓负，讳标，字显业。泾州平凉郡阴盘县武都里人。楚庄王之苗裔。石镇西将军、五部都统、平昌伯暖屯之曾孙。冠军将军、泾州刺史、始平侯郎之长子。
>
> 唯公文照资于世略，英毅括囊仁伦。纳言则贞波显司，出收则纯风再宣。匪悟星瘠霄泯，华景尽昃，以大魏景明三年岁次壬午。

据墓志可知，负标，字显业，平凉郡阴盘县人（今甘肃平凉市东曹湾村）。出身宦门望族，曾任兖、岐、泾三州刺史，赐爵新安子，是位文韬武略俱兼的显赫人物，卒于北魏景明三年（502）。志文称负标为"楚庄王之苗裔"，其曾祖父曾任镇西将军、五部都统，父曾任冠军将军、泾州刺史。《通典·职官志》云："镇西将军为四镇（东、南、西、北）将军之一，汉刘表置，魏时因之，官阶二品；冠军将军官阶从三品。"史书无传。

志文虽简略地记叙了负标的籍贯、家世和生平事迹，但仍是研究北魏时期宁夏彭阳历史地理弥足珍贵的文字资料，可补史书之阙。墓志载负标系"泾州平凉郡阴盘县武都里人"。据考，北魏神䴥二年（429），夏赫连定从关中移民3万户充实安定郡（今宁夏固原），将东汉末年移至京兆的阴盘县，迁回今甘肃平凉市东四十里铺泾河北岸，扩大阴盘地界。神䴥四年（431），北魏于临泾城（今甘肃镇原县城西南）置泾州，领平凉等5

郡，平凉郡郡治阴盘。今宁夏彭阳县即属阴盘县辖地，证明当时的朝那县（今宁夏彭阳县古城镇）已迁徙。直到北魏神龟元年（518）在汉之朝那县境内的阳晋川（今宁夏彭阳县红河川）置长城郡，领黄石（今宁夏彭阳沟口乡）、白池（今宁夏彭阳城阳乡）二县。从志文"武都里人"可知，北魏时期在州、郡、县之下还设有最基层的行政管理机构——里。

北魏贠标墓志砖是我国出土的时代较早的墓志砖之一，具有较高的史料价值，同时也是不可多得的书法上品。中国书法艺术博大精深，辉煌灿烂，在这一艺术宝库中，有一颗耀眼的明珠——墓志书法。墓志书法艺术上起秦汉，下至近代，历史跨越之漫长，地域分布之广泛，藏品数量之丰厚，在中国书法史上占有十分重要的位置。墓志书法丰富多彩，书体真、行、草、隶、篆诸体皆备，反映了不同时期书体的演变与发展。秦汉时期，是我国汉字形体变革创新和书法审美意识形成发展的重要时期。在秦代，大篆经过改变成为小篆并出现了古隶，到东汉，隶书由古隶逐渐

演变成熟为今隶。章草、今草、行书相继创成，真书得以孕育，并奠定了书法和书法美学的基础。秦汉时期是书法变革创新的时代，也是书法于普及中迅速发展的时代。秦都咸阳和东汉京师洛阳，是这一时期书法普及、创新、变革与发展的核心地区。之后，北魏到隋唐，墓志逐渐成熟并完善，墓志形制规格趋于方形，有些墓志还配有志盖，从选石打磨到书丹镌刻都非常讲究，装饰亦很精美。这时，墓志已成为集书法、画像、雕刻等为一体的完美的艺术品。墓志，从发源到今天，漫长的岁月，丰厚的遗存，不仅堪称是一部石刻"史书"，同时作为书法艺术，也是除墨迹之外的最主要的书法表现形式。墓志在其整个发展演变的进程中，不断创新发展。书法艺术发展到六朝发生了划时代的转变，从篆、隶演化到了行、楷，这时，书家们悄悄地将楷意注入墓志，从而在造像题记和墓志书法中完成了一场书法艺术变革。贠标墓志砖铭文就是这种书法艺术变革形成的典型，该墓志砖志文字体苍劲有力，结构严谨，刻工娴熟，是我国书法艺术从篆隶向行楷转化过程中魏书形成中的标准魏体铭刻，是"魏碑"书体的代表，具有重要的价值。

梁阿广墓表
宁夏境内出土最早的墓志

> 墓表犹如墓碑，因其竖于墓前或置放在墓道内，表彰死者，故称墓表。魏晋南北朝时期，墓碑文化得以普及，略有身份的人都以墓碑来传承家族的荣耀。

碑刻，作为一种独特的史料，具有特殊的历史文化价值，在文化史上独树一帜。我国最早的刻铭文字为甲骨文和金文，河南安阳出土的商代石簋断耳十二字、中山国"河光石刻字"为最早的石刻文字。唐初在天兴县（今陕西凤翔）南三畤原出土的战国时期秦的"石鼓文"，把文字凿刻在十个鼓状石上，每鼓一首四言诗，十首为一组，内容记叙秦国君主游猎的情况，因此也称"猎碣"，被誉为中国的石刻之宗。这种刻石虽然没有碑的形式，但亦可算作碑的雏形。汉代是建碑的极盛时期，东汉时碑的形制已具备规模，也基本定型。而专门用于墓葬的墓碑、墓志在东汉晚期和南北朝时期才流行，墓碑立于墓前，墓志置于墓内。墓表犹如墓碑，因其竖

梁阿广墓表

前秦（351—394）
通高36厘米，宽27.5厘米，厚5厘米
2001年在彭阳县新集乡出土

于墓前或置放在墓道内，表彰死者，故称墓表。魏晋南北朝时期，墓碑文化得以普及，略有身份的人都以墓碑来传承家族的荣耀。

宁夏境内所见最早的石刻文字是梁阿广墓表，其制作于十六国前秦政权建元十六年，即公元380年。这是我国早期的一方重要墓表，虽然简略地介绍了前秦氐族民酋梁阿广的事迹，但弥补了前秦的历史，为陇东地区的行政区划提供了有效信息。

这件墓表是由碑身与碑座以榫卯结构组合在一起的，均为灰砂岩石。其中，碑额为圆弧形，碑身为方形，碑额正面阳刻小篆体汉字"墓表"2字。碑身正面阴刻竖排9行隶书体汉字，每行8字，共计72字。

"秦故领民酋、大功门将、袭爵兴晋王、司州西川梁阿广。以建元十六年三月十日丙戌终，以其年七月岁在庚辰廿二日丁酉葬于安定西北小卢川大墓茔内，壬去所居青岩川东南卅里。"

碑身背面阴刻竖排2行隶书体汉字，每行均为6字，共计12字，即"碑表及送终之具于凉州作致"。

墓表文字内容非常简略，但记载了梁阿广的官职和爵位、籍贯、家庭住址、茔地位置，以及去世和埋葬时间等重大信息。

梁阿广的身份是一个"民酋"，就是前秦安定郡西川县的地方官吏，是当地很有影响的人物。他所授的军职是大功门将，并以大功门将兼任民

梁阿广墓表(背面)

酋,拥有军籍、民籍双重身份,掌握当地军政部分权力。"大功门将"应该属于"门将"中的一种,位于门将中的高位。汉魏晋时期,军职由高到低称为大将军、将军、中郎将、都尉等,但"门将"的级别低于"都尉"。换言之,梁阿广仅仅是一名低级军官,作为一名低级军官为什么爵位又是兴晋王呢？墓表中明确梁阿广是"袭爵兴晋王"，也就是说梁阿广的爵位不是前秦皇帝直接授予的，而是继承其先人的。东汉后期以来，割据一方，自封为王的现象屡见不鲜，两晋时期更是司空见惯。凡是称王、称公、称侯者《晋书》《十六国春秋》《资治通鉴》均有记载，唯独不见梁氏家族称王史实的记载，所以梁阿广先人的爵位是别人赐封的，而不是自封的。墓表记载梁阿广是前秦国人，前秦王苻坚时代，梁氏家族孕育了多名重臣，梁平老任大将军，封朔方侯；梁谠任侍中；梁熙任凉州刺史，他们的官位都高于梁阿广，所以梁阿广的兴晋王爵位仅仅是一种荣誉称号。据《十六国春秋·前秦录》记载，梁平老、梁畅、梁熙祖籍地均为略阳（今甘肃秦安县境），与前秦皇族同属氐人，故梁阿广应该是氐人。

梁阿广的籍贯为司州西川，家庭住址在青岩川，茔地在小卢川。魏晋隋唐元明清的文献均能找到关于泾河北部支流小卢河的记载，民国和当代书籍中多称小路河。他的家庭住址在其茔地西北30里的青岩川。小路河以北第一条较长的河为红河，发源于宁夏彭阳县西部，流向与小路河大致相同，是泾河一条主要支流，于甘肃泾川县东部注入泾河。西川县隶属于安定郡，郡治安定县（今甘肃泾川县），在墓表中称"司州西川"，"司州"称谓开始于西晋。西汉初，设置司隶校尉，管辖三辅、三河诸郡，西晋时将司隶校尉直辖地称为"司州"，治地在河南郡。前秦甘露二年（360），将司隶校尉设置于安定郡，所以当时人们习惯上称安定郡为司州。

"建元"是东晋十六国时期前秦王苻坚采用的第三个年号，共计21

年（365—385）。梁阿广的卒年为建元十六年（380），其对应的干支纪年为庚辰年。墓表背面刻"碑表及送终之具于凉州作致"，当时，梁熙任凉州刺史，是梁氏家族中最有影响的一个人，所以对梁阿广的评定需要梁熙同意后公布。

田弘墓志
一生荣耀跃于石上

他是勇冠天下的著名战将，为官15年，身经106战。在战斗中，他总是身先士卒，冲锋在前，冒死杀敌，先后身中一百余箭，破骨者九。建德四年（575）正月初三病故，四月二十五日，归葬原州。

1995年5月至7月，日本东京共立女子大学与宁夏文物局协商筹备组建了中日联合原州考古队，在宁夏固原县西郊乡大堡村开始合作发掘。此次发掘的北朝隋唐墓葬区位于南郊"史家墓地"西侧，周围已发掘了著名的北周李贤墓和宇文猛墓。在发掘过程中，位于墓葬甬道上方紧贴第五天井北壁处发现有盗洞，在盗洞内发现了墓志，这使发掘者感到十分意外，也万分激动。在未移动墓志尚不能辨别墓主人身份时，发掘者就在现场进行了初步讨论和激烈的争论。按早期盗墓的规律，一般是不盗取墓志的，为什么墓志会出现在盗洞内，而且墓志位置距地表已相差甚近，最后却弃之于此呢？从保存迹象看，盗墓者在盗洞内通过脚窝踩踏出入墓室，并在

田弘夫妇墓外景

盗洞壁上掏挖几个小龛用于放置墓志，采取分阶段逐层向上移动的方法。盗洞内发现了一匹基本完整的马的骨骸，仍保存一些干枯的马皮和绳索痕迹，大致与墓志重叠堆放在一起。而且志盖和志石反扣紧贴竖立，加之墓志本身重量，于是也有人猜测，凭数人之力根本无法将墓志提拉上来，只有借助马的力量加以牵引，然而最后时刻，或许马亦精疲力竭，不堪重负，失足坠入洞内，盗墓者也只能望石兴叹，无奈中途作罢。

劫后余生的墓志令考古人员为之一振，从志石的文字内容便知墓主人是北周柱国大将军田弘。墓中还出土了东罗马金币5枚、玉钗、玉璜、玉环、玉佩、玻璃、玛瑙、水晶饰珠、骑马俑、武士俑、鸡、狗、镇墓兽等，甬道、墓室四壁及后室、侧室均绘制壁画，这无疑是北周考古的又一重要发现。其中出土的田弘墓志是一件弥足珍贵的实物资料，志盖呈正方形，举顶式，四面斜杀。顶面平整，四边先双线刻画边框，中均布宽线棋

田弘夫妇墓发掘现场

田弘墓志盖

格,格呈正方形,四行,每行四字,内刻16个大字,字作篆文"大周少师柱国大将军雁门襄公墓志铭"。志石亦基本呈正方形,表面平素,经过仔细磨光,然后划成棋格,竖行36行,每行38格,文字按行书写,其余志文均按格填写,全文1341字。行文魏书体,志题为"大周持节少师柱国大将军大都督襄州总管襄州刺史故雁门公墓志"。关于田弘的记载,《周书》《北史》有传,他去世后,庾信又写《周柱国大将军纥干弘神道碑》,田弘墓志依据唐纥干夫人墓志可知同为庾信撰写。墓志将他一生中大量的事件用历史典故隐喻,为厘清田弘的家世履历提供了详尽的资料,记载了田弘辉煌的一生,将田弘的一生荣耀跃于石上。

田弘,字广略,原州长城郡长城县人也,北周柱国大将军,北周建德四年(575)死于襄州任上,同年归葬固原,终年65岁,是北朝晚期叱咤

田弘墓志

北周（557—581）
边长约72厘米
1995年出土于宁夏固原县西郊乡大堡村

风云的重要历史人物。魏晋南北朝时期，今宁夏固原是一个重要的区域，北魏时置原州，遂成为著名的北方重镇之一，被视为"国之藩屏"。北周时，原州设置总管府，并成为北周政权的"霸业所基"。墓志对田弘籍贯有"原州长城郡长城县人也"的详细记载，当时的长城县具体治地在今彭阳县红河乡境内，得名因战国秦长城遗存而来，从而可知，田弘是今固原市彭阳县人。

墓志总结记载了田弘的一生，他是勇冠天下的著名战将，为官45年，身经106战。他在北魏时已从武为官，历经西魏、北周两朝。他追随宇文泰参加了西魏政权的建立，积极协助宇文泰奉迎北魏孝武帝入关建立西魏政权，宇文泰将自己穿的铁甲赠送给田弘，并寄语"天下若定，还将此甲示寡人"。从此田弘成为宇文泰的亲信，因"迎奉"之功，田弘被破格加封鹑阴县(今甘肃靖远西北)开国子，赐食邑五百户，后再晋爵为鹑阳县公。之后，他率领西魏军与东魏进行了一系列的战斗，还南下伐蜀、征讨吐谷浑等。在战斗中，他总是身先士卒，冲锋在前，冒死杀敌，先后身中一百余箭，破骨者九。这与他的人骨鉴定吻合，他右侧肱骨头上，有一直径约6毫米、深20毫米的小型穿洞，可能是某种尖锥状器物刺入所致。由于他屡立大功，宇文泰对文武大臣们说："人人如弘尽心，天下岂不早定？"保定元年（561），武帝宇文邕授田弘使持节，出任岷州（今甘肃岷县）刺史。天和六年（571），田弘被授柱国大将军。建德二年（573）拜大司空。建德四年（575）正月初三病故。四月二十五日，归葬原州。

同时墓志对田弘的族属提供了资料。田弘本姓田，累功赐姓纥干氏。纥干乃北方鲜卑之姓氏，在魏晋之时，鲜卑的诸多部落由东北向西北游徙，当时，有如弗、出连、叱卢三部，自漠北南出大阴山，在乞伏国仁五世祖佑邻的带领下，率户五千迁于夏，后因居高平川。如弗即乞伏，纥干氏与乞伏鲜卑有密切关联，乞伏等四部统主名为纥干，纥干是鲜卑语，汉语的意思是"依倚"。高平川即今之固原清水河，田弘之祖可能就是随着迁徙到高平的，或出鲜卑乞伏部。北周盛行复姓赐姓，有的所谓"赐姓"实际就是"复姓"，田弘被赐姓"纥干"，寓意"依倚"，说明其忠心耿耿、尽职尽力、可依可靠。田弘人骨鉴定在种族特征上，基本维系在东北亚蒙古人种的特征范围之内。依此并结合文献史料分析，其族属为鲜卑族的可能性最大。

墓志还交代了田弘的后代，长子田仁恭（？—582），字长贵，北周时赐爵鹑阴子。后来他跟随宇文护征战有功，被封为襄武县公，加授上开府，任幽州总管。北周末拜为柱国。隋朝建立以后，隋文帝对田仁恭非常宠信，先后封他为柱国、太子太师、右武卫大将军。死后又诏赠为司空，谥"敬"。田仁恭有两子，长子田世师，次子田德懋。长子田世师承袭父亲爵位，任隋朝右武卫大将军、观国公。次子田德懋"少以孝友知名"，任隋朝尚书驾部郎、平原郡公，于大业中卒于任上。田家三代是北周和隋朝政权的开国功臣，其家族是历史上固原地区最为显赫的家族之一，后因再无史料记载与考古实物的发现，被湮没在了历史烽烟之中。

鎏金银瓶
独一无二的丝路文化瑰宝

> 这6个人物之间发生的故事源于古希腊神话传说，即"帕里斯裁判"和"特洛伊战争"，表现了中世纪西方古典艺术对东方地区的渗透传播。

时间追溯到1983年，时年9月至10月，一座古墓葬的发现发掘把宁夏固原推进了国内外考古界和学术界的视野，这座古墓葬就是北周李贤夫妇合葬墓。该墓葬的发掘，是国内北周大型墓葬的首次发现，是宁夏文物考古的一次重大发现，出土了一批精美的文物，还有一批颜色鲜艳的壁画，而且它是一座具有明确纪年的古墓葬。消息很快传播开来，宿白、徐毓明、王泷等一批国内考古大家云集固原考察指导。随后，新华社、人民日报、光明日报等媒体的记者也纷纷采访报道。为了保存、展示这批精美的文物，在宁夏回族自治区主要领导的大力支持下，当年12月，宁夏回族自治区机构改革办公室批准成立宁夏固原博物馆，直接隶属于自治区文化厅，这

鎏金银瓶

北周（557—581）

通高37.5厘米，最大腹径12.8厘米，重1.5千克

1983年出土于宁夏固原李贤夫妇合葬墓

对于当时经济欠发达的宁夏来讲，实属难得。一座墓葬连着一座博物馆，李贤夫妇合葬墓的发掘促成了固原博物馆的成立，博物馆又展示了李贤夫妇合葬墓，如今李贤夫妇合葬墓以原比例复原，在固原博物馆的古墓馆展示，以供游人参观。

李贤夫妇合葬墓的发现，轰动了国内考古界和学术界，被评为1984年中国考古十大发现之一。尽管墓葬早年受到了盗扰盗窃，但仍然出土了墓志、壁画、鎏金银瓶、玻璃碗、镶青金石金戒指、银装铁刀、陶俑、玉器等200多件(组)精美文物。这些文物具有浓郁的中西亚风格，其中鎏金银瓶、玻璃碗等直接来源于中西亚，是通过丝绸之路传来的。这些文物的发现，拉近了固原与丝绸之路的关系，证实了固原在丝绸之路上的重要作用。

在中国境内，丝绸之路的基本走向定于两汉时期，在之后的各个历史时期，丝绸之路逐步走向繁荣与昌盛，成为欧亚大陆文化交流、商业贸易、民族迁徙、政治交往的大通道。在这条通道上，生产于中国的丝绸和瓷器与产于西方的玻璃、金银器等豪华奢侈品成为商贸交易中最受青睐的物品，因而在丝路沿线的重镇固原和权势人物李贤的墓葬中陪葬西来奢侈品是常理所在，北周时期中西亚的舶来品鎏金银瓶就是典型代表。

鎏金银瓶无疑是李贤墓出土文物中最驰名的萨珊风格的金银器，精美绝伦，独一无二。1996年被国家文物鉴定委员会定为国宝级文物，是公认的固原博物馆的镇馆之宝。鎏金银瓶银质，表面鎏金，环形单把，把上

浮雕人物展开图

方铸一头戴贴发软冠、高鼻深目的人物头像，头像面向瓶口，瓶口为鸭嘴状。细长颈，上细下大，颈部有 21 条竖形凹槽，颈部与腹部相连处有 13 个凸起的圆珠组成的联珠纹一周。腹部圆鼓，上部小，下部逐渐加大后内收，与底座连接束腰处有 10 个凸起的圆珠组成的联珠纹一周。腹的上部有一周三角形莲瓣纹；中部打压出 6 个人物图像，半浮雕；下部剔刀浅刻线雕一周图案，似水波涡纹，水波中有两只大耳、怒目的怪兽相向追逐一条翻身跃起的鱼。高圈足底座，座的边缘有 20 个凸起的圆珠组成的联珠纹一周。

鎏金银瓶腹中部半浮雕的 6 个人物，系手工打压而成，工艺精湛，蕴含着深厚的文化内涵。人物分为三对，以瓶的把柄左边算起分对，三对都是一男一女相对相视而立，相互倾诉着。第一对左侧女子侧身，头微低，右臂前伸，被男子握住手腕。女子波浪状长发，颔首下视，腼腆安详，身着披肩与长裙，足蹬软靴。右侧青年男子，与女子相对，头戴圆形盔帽，头发卷曲，圆眼高鼻，表情自然，身着披风，足穿半高筒皮靴，下身裸露，

浮雕人物

右手二指平托女子下颚，身体肌肉突起，粗壮有力。第二对左侧青年女子侧身站立，波浪状长发在脑后打节，耳朵戴有饰品，大眼高鼻，唇微合，表情安详，上身着圆领衫，下身穿贴身长裙，足穿软靴。右手前伸弯曲拿物，左手弯起用食指指向自己。右侧青年男子，头发梳至前额卷起，圆眼高鼻，右手向前伸，手中持物，展现在女子面前，似乎将物品送给女子。上身着圆领短袖衫，腰束带，下身穿短裙，足穿半筒皮靴。第三对左侧男子头发梳直后四周卷起，然后束发带，直高鼻，眼大睁，嘴唇用劲闭合，神情严肃。上身着圆领短袖衫，下身着短裙，衣裳相连，腰间系带。右手执盾，左手前屈持西方式矛。右侧青年女子，侧身诉说，头发为波浪状，头戴花冠，大眼直鼻，嘴唇微合。右手向上弯曲用食指指向自己，左手向上端一尖顶盖小盒。上身着圆领紧身服，细腰，束带，下身着长裙，足穿软靴。

这6个人物之间发生的故事源于古希腊神话传说，即"帕里斯裁判"

和"特洛伊战争"。在古希腊,爱琴海上有个岛国叫特洛阿德,都城为特洛伊。传说国王普里阿摩斯在他的妻子怀第二个孩子时,梦见生下了一个熊熊燃烧的火炬,将特洛伊城烧成灰烬,因此这个孩子被预言将给国家带来毁灭之灾。于是,孩子生下后就被丢弃,被一名奴隶收养,取名帕里斯。孩子长大后,在牧民中威信很高。有一天,他在放羊时,神的使者赫耳墨斯从天上飞下,带着三位女神对他说:"我奉宙斯之命带三位女神来,现在由你评判她们之中谁最美丽,然后给最美丽的人这个金苹果。"帕里斯望着三位美丽动人的女神,听她们各抒己见,她们分别是赫拉、雅典娜、阿芙罗狄蒂,最后他决定把金苹果送给爱情女神阿芙罗狄蒂。之后,国王在一次赛会上,认出了帕里斯是自己遗弃的儿子,就把他带回了家。后来,对希腊的战争开始,国王派帕里斯率领庞大的舰队出征,途经斯巴达岛国时靠岸,恰逢斯巴达国王墨涅拉俄斯不在,王后海伦主持政务,海伦是当时世界上最美的女人。帕里斯一见到海伦,就觉得见到了爱神本人,同时意识到这就是爱神给他的报酬。于是他忘记了使命,抢走了海伦和大批财宝。帕里斯的这种行径很快激起了希腊各城邦的愤怒,失去妻子的墨涅拉俄斯联合了庞大的力量,出兵征讨特洛伊,引起了著名的"特洛伊战争"。经过十年激战,希腊人取得了胜利,特洛伊城变成了废墟,海伦也回到了丈夫墨涅拉俄斯的身边。这个故事在银瓶上有生动的反映,第二组人物表现的就是"帕里斯裁判",男子为帕里斯,手中拿着金苹果,女子为阿芙罗狄蒂,画面以一位女神代表三位女神。第三组人物表现的是帕里斯劫持海伦上船时的情景，画面忽略了船只。第一组人物表现的是海伦回到丈夫墨涅拉俄斯身边的情景。由于争夺海伦引发了特洛伊战争，死伤无数英雄，墨涅拉俄斯在追回海伦时，准备杀死她。可是，看见她仍然美丽动人，就原谅了她。

这个神话故事虽然源于希腊，实际上表现了中世纪西方古典艺术对东方地区的渗透传播。这种形式的金银器原本是萨珊王朝贵族享用的酒具，而这是一件具有萨珊风格的中亚巴克特利亚地区的制品。在东西方文化交流中，堪称艺术精品，通过驰名的丝绸之路流入中国境内，在宁夏北周李贤墓中出土，无疑是波斯萨珊系金银器在中国的重大发现，其所表现出的希腊、罗马艺术风格特点，充分体现了希腊文化对世界文化所产生的影响。同时，为证实中西丝绸之路的昌盛和文化交流的发达增添异彩，在东方艺术品中，与俄罗斯艾尔米塔什博物馆、日本美穗博物馆收藏的同类萨珊金银器和国内已知的萨珊金银器比较而言，这是一件绝无仅有的珍品，不啻为丝路瑰宝。

历史上，宁夏南部的固原市，有安定、原州之称，自古为西北边陲军事重镇，又是贯通中西的丝绸之路东段北道上的咽喉孔道之地。丝绸之路从长安（今西安）出发到达地中海沿岸各国与非洲北部，全程分东、中、西三段，东段从长安到玉门关或阳关，中段在今天的新疆境内，新疆以西为西段。东段长安到凉州（今甘肃武威）称长凉古道，这条路线有南、中、北三条道路可以通行，北线经过宁夏南部。在魏晋南北朝至隋唐前期，由于这条线路行程较短,行走便捷,商贾、贡使、僧侣往来频繁,络绎不绝,成为关中通往河西走廊的主干道。在中西、南北文化交流,商业贸易往来,民族迁徙融合等诸多方面发挥了极其重要的作用。近年来,大量北朝、隋唐时期的考古发现便是见证,出土了一批如鎏金银瓶、凸钉装饰玻璃碗、嵌宝石金戒指、东罗马金银币、金覆面、蓝宝石印章等蜚声中外的丝路文物,充分展示了中西文化交流的发达和固原的重镇地位。

鎏金银瓶的持有者李贤(502—569),历经北魏、西魏、北周,世居原州,三朝为官,尤其在北周政权的建立过程中立下了汗马功劳,与北周政权的奠基人宇文泰家族建立了深厚的友谊,所以被委以重任,曾担任使持节、河州总管、洮州总管、统领三州七防军诸军事、河州刺史、洮州刺史、瓜州刺史、原州刺史等要职,成为北周政权西陲的守护神,为确保丝绸之路的畅通、商业贸易的繁荣、来往商队的安全做出了贡献,是名副其实的丝路权臣。他去世后,朝廷追授使持节、柱国大将军、大都督等荣誉衔,他的妻子吴辉生前曾被赐予皇族姓氏——宇文氏,并被认作宗室侄女,追封为"长城郡君"。这样显赫的家世、卓著的功绩以及掌管丝路的大权,作为西亚舶来品的鎏金银瓶在其墓葬中出土就不难理解了。

凸钉装饰玻璃碗
波斯萨珊玻璃器的典型代表

> 魏晋南北朝是多民族政权分立与民族交融的时代，战火纷飞，民不聊生，但世家大族占有大量的土地和财富，奢侈成风。当权者所拥有的宝物，是显示自己地位和财富的象征，而来自西方的玻璃器皿更是如此。

中国的北朝至隋唐时期，是丝绸之路的繁荣与畅通期。宁夏南部固原地处丝绸之路长凉古道北路的要隘之地，丝绸之路上的贸易和文化交流非常活跃。近年来，这里考古发掘出土了大量来自中西亚地区的绚丽瑰宝，为丝路上的中西文化交流、商业贸易增添了新内涵，玻璃器就是一类。

在世界范围内，玻璃材料的出现与使用已有4000多年的历史，古代玻璃器上跨越尘沙与流年而留存至今的工艺、花色、质感，向今天的我们展示着古人的智慧，亦是其所处时代独特风度的生动写照。

我国的南北朝时期，人们已经认识到西方玻璃的艺术价值，特别是玻璃晶莹剔透的性质，是其他材质所难以比拟的，由此使得玻璃器被视为宝

凸钉装饰玻璃碗

北周（557—581）
高8厘米，直径9.5厘米
1983年出土于宁夏固原李贤夫妇合葬墓

物，有不少诗文赞扬玻璃器的美丽及其通过丝绸之路千里迢迢历尽险阻输入中原的不易。其中最著名的是西晋诗人潘尼的《琉璃碗赋》，赋中写道："览方贡之被珍，玮兹碗之独奇。济流沙之绝险，越葱岭之峻危。其由来也阻远，其所托也幽深……光映日耀，圆成月盈。纤瑕罔丽，飞尘靡停。灼烁旁烛，表里相形。凝霜不足方其洁，澄水不能喻其清。刚坚金石，劲励琼玉。"

现藏宁夏固原博物馆的凸钉装饰玻璃碗，正是制作于北周天和四年（569），被当时人们视为宝物，通过丝绸之路流传到中国的萨珊玻璃系典型代表作。此碗直口，矮圈足，玻璃为淡黄绿色，内壁光洁而透明。外壁有金黄色的分化层，并上下错位排列两周凸起的圆形装饰。圆形很不规则，呈扁椭圆形，上层为8个，下层为6个，饰面为凹球面，形成一个小凹透镜，通过一个凹球面可以透视对面的三个凹球面。成分经科学检测，为钠钙玻璃，属伊朗高原萨珊玻璃系，是典型的萨珊朝制品。其上凸起的凹球面装饰在帕提亚、萨珊时期的伊朗高原上一度很流行。类似的玻璃器在伊朗高原，中国的楼兰、巴楚、鄂城、北京、固原、朝鲜半岛、日本均有发现。

萨珊王朝（226—650）是波斯自阿契美尼德帝国之后的首个统一王朝，疆域覆盖中亚地区、伊拉克和伊朗北部，实力强大。其统治期间，是玻璃制造业最为兴旺发达的时期，除了生产大量玻璃珠饰、纺轮外，还制造精美的高级玻璃器皿，供上层社会享用和出口，一般将这个时期制造的玻璃简称为萨珊玻璃。萨珊工匠们还发明了至今都还在使用的玻璃制作方法——吹制法，就是借助特制工具将玻璃溶液吹成空泡而成型，这样制作出的玻璃制品，形态更多样，更精巧。萨珊玻璃器皿造型浑朴，喜欢用连续的圆形作为装饰，与萨珊时期流行的联珠纹相一致。萨珊玻璃工艺继承了罗马玻璃工艺的特点，特别是发展了冷加工的磨琢工艺，在玻璃碗上磨琢出凹球面或突起的凹球面，形成一个个小凹透镜。透过碗前壁的凹球面装饰，可以看到后壁的数十个小圆形装饰，朦胧美丽，富于变化，为观者带来独具一格的视觉感受，充分地表现出玻璃的剔透润泽之美，尽显工匠的巧妙用心与高超的制作工艺。

魏晋南北朝是多民族政权分立与民族交融的时代，战火纷飞，民不聊生，但世家大族占有大量的土地和财富，奢侈成风。当权者所拥有的宝物，是显示自己地位和财富的象征，而来自西方的玻璃器皿更是如此。这一时期的玻璃器充分体现了丝绸之路沿线城市经贸联系之紧密。李贤位高权重，又是丝绸之路西北咽喉门户固原地区的最高军事和行政长官，手中藏有来自西域的珍品，不难理解。李贤夫妇墓出土的玻璃碗造型精美，晶莹剔透，体现了波斯萨珊玻璃器形和纹饰上的独特风格和精湛的磨琢工艺，是我国出土的萨珊玻璃系的代表。极具意义的是这件玻璃碗完整无损，风化层少，基本保持了当年的光泽色彩，在国内外实属罕见，是波斯萨珊玻璃器的精品。其纪年明确，对确定同类制品的年代具有标尺作用。无论功能价值与艺术价值，均可谓其所处时代玻璃器皿之集大成者。

银装环首铁刀

外观华美 附耳悬系

这件铁刀是我国境内目前所发掘北朝墓中出土的唯一完整的铁刀,为中国古代兵器史研究提供了难得的北朝阶段刀的实物例证,这种简单的银装环首风格,应来自中亚西亚一带,同时为中国和古代波斯文化交流提供了重要的实物见证。

  李贤夫妇合葬墓是宁夏固原历史上发现的重要墓葬之一,该墓葬无疑是 20 世纪宁夏的重大考古发现,也是 1984 年全国考古重大发现之一。在李贤墓中出土的随葬遗物中,有许多珍贵文物,人们常常把注意力集中在闻名中外的波斯萨珊鎏金银瓶和凸钉装饰玻璃碗等涉及中西文化交流的珍品上,特别是国之瑰宝鎏金银瓶,确是世界范围内现存萨珊遗物中极为罕见的精品,这就导致我们忽视了墓中出土的另一件颇具特色的珍贵文物,它就是现在要介绍的这件银装环首铁刀。

  这件银装环首铁刀,外套木鞘,木鞘外表髹漆,呈褐色。出土时刀已锈于鞘内无法拔出,现存柄部较短,应该是朽毁所致,原长可能在 100

银装环首铁刀

北周（557—581）
通长86厘米
1983年出土于宁夏固原李贤夫妇合葬墓

厘米左右。单面刃，铜质刀珌，环首，环作扁圆形，柄部以薄银片镶包。刀鞘上有一对银质附耳，在上下两附耳处及鞘末的珌以上处均包银，外观华美。从出土时置放在木棺右侧的位置推测，应为李贤个人的佩刀。这件铁刀是我国境内目前所发掘北朝墓中出土的唯一完整的铁刀，为中国古代兵器史研究提供了难得的北朝阶段刀的实物例证，这种简单的银装环首风格，应来自中亚西亚一带，同时为中国和古代波斯文化交流提供了重要的实物见证。

这件铁刀的佩系方法与我国传统的"璏式佩系法"不同，属附耳悬系法。在我国汉代，环首长刀的佩系方法与长剑是相同的，均使用传统的"璏式佩系法"。如刘胜墓中出土的环首长刀，刀鞘上设方座附金带铐，还有汉代画像石中常见佩剑的人物图像，如山东沂南画像石墓中室西壁北段下格的一幅画像中，右侧赤裸上体的武士腰间佩刀，刻画清晰，其佩系方法与佩剑一样，以带贯璏，故刀紧贴在佩刀武士的身侧，环首直伸到胸前左乳处。而李贤墓出土铁刀的佩系方法，已不再是我国传统的璏式佩系法了。它是在鞘侧上下纵装一双附耳,在耳上各有凸起的圆钉,先固定在较细较短的刀带上,然后将刀带系在腰间的大带上,使刀斜悬于腰带以下。这种以耳悬系的方法,源于西亚,于公元5世纪由西土耳其斯坦发明。阿契米尼王朝用此法佩系短剑,但只设一附耳,到波斯萨珊朝中晚期,已经出现双附耳佩刀剑法,并在公元六世纪时传入我国。隋唐以后,双附耳佩系法基本取代了传统的璏式佩系法,成为中国刀剑佩系的主要方法,一直沿用到明清,今日武术器械中的刀剑也还是使用这种佩系法。同时,这种双附耳佩系法又在隋唐时东传至日本,目前日本正仓院中还有保存完好的双附耳佩系法的金银细装唐大刀,且著名的高松塚古坟中还出土过这种银质刀耳。

这件环首铁刀,在形制和风格上仍然沿袭了汉代以来的传统,刀环维持了传统扁圆形素环的做法。因为汉代的环首长刀多为素环,只有小型的削或书刀常在环上做出上卷的简单花饰。到了十六国时期,流行把刀环做出复杂的花饰,如赫连勃勃"造百炼钢刀,为龙雀大环,号曰'大夏龙雀'"。这是史籍中关于做出复杂花饰刀环的最早记录。北周时皇宫警卫所用刀环花饰甚多,有各种鸟兽形象,如龙环、凤环、麟环、狮子环、象环、兕环、貔环、解豸环、獬环、吉良环和狰环等,但是从这件铁刀的银装素环来看,应该当时名贵的刀还是维持了传统的素环风格,装饰包缠金、银的形制。

还有这件环首铁刀的材质,应为钢质,因锈蚀过甚未经科学检验,故现在仍称其为铁刀。在我国古代,钢铁制作的环首长刀最早出现于西汉时期。它的出现一方面与钢铁兵器取代青铜兵器的总发展趋势密不可分，另一方面又与满足当时军队迫切需要更新装备的要求分不开。因为当时步兵和骑兵代替战车兵成为军队的主力兵种后，就需要设计和制作适合于步兵的新式兵器。从出土的资料看，西汉初年环首刀尚未装备部队，到了汉武帝时，墓葬中已随葬有刀，其中中山王墓出土的一件最为精致。刘胜去世于汉武帝元鼎四年（前113），所以他墓中出土的环首长刀应为公元前2世纪初期制作的。刘胜墓出土的环首铁刀虽有残损，但基本表明了中国古代这种格斗兵器的特点：刀体细长，单面刃，后脊平直，断面呈楔形，直至刀末才成斜尖；刀柄较短，适于单手握持，柄与刀体无显著分界；柄首有环，环作扁圆形。这些特征一直保留到隋唐时期，与宋代的"手刀"刀体加宽，刀末形成前锐后斜形状，加装区别刀体与手柄的较大护手相比较，在形体上有较明显的差异。

李贤墓出土俑阵
北周威仪礼制的体现

> 这些都是李贤生前宫室生活的一个缩影,充分反映了李贤生前出行时庞大的仪卫阵容,基本上体现了北周的威仪礼制。

北周李贤墓是中国境内发现的第一例北周纪年墓,为我们提供了辨识北周墓葬的标尺。李贤墓虽遭盗扰,但李贤与其妻吴辉的两方墓铭保存完好,随葬俑群也大体完好。墓中出土了彩绘陶俑237件,其中有镇墓武士俑、甲骑俑、乐俑、文吏俑、武官俑、女官俑、女侍俑、胡俑、风帽俑九类,从陶俑风格看,既继承了汉魏墓随葬的传统,也表现了关中地区北周俑群的特点。这些都是李贤生前宫室生活的一个缩影,充分反映了李贤生前出行时庞大的仪卫阵容,基本上体现了北周的威仪礼制。

李贤墓随葬的俑群,彩绘,阵容庞大,基本上保持了北朝时期墓葬中随葬有成群陶俑的特征和内容,俑群分镇墓俑、出行仪仗、侍仆舞乐、庖

李贤墓俑阵

厨明器四组,其中第一组有披甲胄的镇墓武士和镇墓兽各两件。第二组数量最多,占出土总数的百分之八十以上,包括甲骑具装、骑吹、骑从及不骑马的属吏仪卫,又以步行者为多;其服饰或为笼冠袍服,或为小冠裙摆,或披衣风帽,也有在裙上罩裲裆的;多拱手胸前作执物状,在俑体上留有插物小孔,原插执之物今均已缺失。这一组中还有鞍马及驮负物品的骆驼和驴,未见北魏俑群中常见的那种外貌华丽的牛车。第三组数量较少,主要是作拱手状的女侍俑。第四组是与生前生活有关的陶质动物模型和庖厨用具模型等明器,有鸡、犬及灶、磨、井、碓、鸡舍等,灶、磨、井、碓皆各有两件。其中武官俑和文吏俑头戴白色小冠,武官俑身着红色圆领长

129

镇墓武士俑

袍，文吏俑身穿交领长袖袴褶服，腰束带。风帽俑头戴风帽，内穿圆领衫，外披褐色风衣，下着裤，足蹬靴。具装甲骑俑，武士头戴尖顶兜鍪，中起脊棱，额前伸出冲角，两侧有护耳。身穿铠甲，外披黑色风衣。马身披铠甲，甲片以墨线勾勒，背上有鞍，垂首呈站立姿势。吹奏骑俑头戴黑色风帽，身着白色宽袖长衣，足穿黑靴，双手执排箫。马垂首呈站立状，腿部粗壮。辔鞍具备，鞍施朱红色。骑马俑头戴黑色笼冠，面施粉色，身着红色交领大袖长衫，腰束带。马辔鞍俱全，垂首站立。还有骆驼，骆驼为双峰驼，泥质灰陶，手工捏制而成，空心，彩绘。双峰间有孔，应为固定所驮之物。造型比例协调，体格健壮，是对来往于丝绸之路上的健壮骆驼完美的塑造。

女侍俑

李贤墓中出土的吹奏骑马俑意义重大，这在宇文猛墓中也有出土，应是北朝时期西北地区难得的高官配享"鼓吹"的实物资料，因为这种实物在南北朝墓葬中，屡见于中原地区，北方地区则出土较少。这主要是模拟墓主人生前配享的"鼓吹"制度，体现了墓主人的生前地位，复活了他们生前享用的礼仪。这说明魏晋以来盛行于北方及中原的鼓吹乐，北周和北齐亦沿袭使用，并继续着陪葬的传统。以鼓吹为主的伎乐俑，也是宁夏境内考古获得的颇有特色的乐舞实物资料。"鼓吹"兴起于西汉骑兵开始盛行之时，是两汉魏晋时期的军乐队，最早出现的形式是马上乐队，为北方边地雄豪班壹所创。鼓吹的形成显然受到了游牧狩猎的北方民族影响。《乐府诗集》卷十六引刘瓛定军礼云："鼓吹未知其始也，汉班壹雄朔野而有之矣。"当时鼓吹所用的四种乐器，即打击乐器鼓和铙，吹奏乐器箫和笳。东汉时，这种军乐的配

李贤庖厨用具

文吏俑

武官俑

驼

享与用途有了变化，只有边将和万人将军才能配以鼓吹，同时被采用于皇室仪仗和宴乐中，逐步成为皇帝、太子、诸王宴乐夸耀身份和富贵的手段，增加了与军乐无关的一种功能，成为宣扬威仪卤簿的组成部分。南北朝时期，其功能性质和组成与之前基本相同，只是鼓吹的人数各代不同，大致为7~16人，不同等级享用鼓吹人数多少不一，乐器的组合也有变化，铙逐步从乐队中消失，体现了"鸣笳以合箫声"。

鼓、笛、箫是"鼓吹"使用的乐器。李贤墓骑马吹奏乐俑手持排箫，这是古老的中原传统乐器。它历史悠久，有多种形制，分为小箫和大箫，小箫有十管、十二管、十六管、十七管、十八管、十九管，大箫有

骑马乐俑

二十一管和二十三管。湖北战国曾侯墓出土 2 件排箫，证实了箫出现很早。中国古代的箫和现代的箫不同，古代的箫是排箫，一般用十六管，这种排箫也叫籁或比竹，意为以竹相比而吹之。在古代，箫是非常流行而且深受人们欢迎的乐器。南北朝、隋、唐各代，它在乐队中占着重要位置。一直到清代还有，但在民间就不通行了。在罗马尼亚，排箫现在流行于民间，他们称之为纳伊（Niau）。纳伊可能是籁的音译，西方的排箫也许是从中国传去的。在佛教石窟的伎乐中，从新疆到中原，排箫是最常见的乐器。同时，李贤墓中壁画上的乐伎，使用腰鼓，形制有圆形和细腰形。腰鼓，大者瓦，小者木，皆广首而纤腹，本胡乐也。自西域传入中原后，不仅在历代宫廷中使用，而且在民间也很普及。骑马吹奏俑还使用民间普遍流行的乐器笛子。

骑马吹奏俑

骑马乐俑和具装甲骑俑

嵌宝石金戒指
手指戒面上的舞者

其上雕刻的人物形态丰满,身姿曼妙,酷似一位妙龄女子翩翩起舞。她手握花环,轻轻舞动,是在花间享受春日美好时光,还是去参加节日盛大的欢庆活动呢?

  戒指,中国古代又称为约指、指环、驱环,为手上装饰品。早在新石器时代,就已经出现各种材质的戒指,战国时期出现金银材质的戒指,汉代金银戒指开始增多,在我国黄河中下游、长江中下游以及东北、西北、西南、华南等地均有发现。至于金戒指上的装饰,早在公元前二世纪即流行于古罗马,当时就在金戒指上刻饰神话人物或罗马帝王。中国古代金戒指上出现人物纹、动物纹饰是在两晋南北朝时期,这个时期,各个民族之间、不同地区之间、政权与政权之间的流动与交往超过了以往任何时期,所以发现的金戒指丰富多样,呈现出诸多前所未有的特点。

  宁夏固原博物馆藏有一枚嵌宝石金戒指,圆环状,戒面正中镶嵌一块

嵌宝石金戒指

北周（557—581）
内径1.75厘米，重10克
1983年出土于李贤夫妇合葬墓

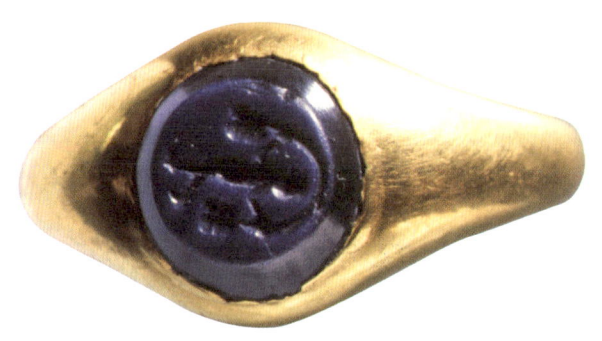

嵌宝石金戒指

圆形呈平面的蓝色青金石。青金石戒面直径 0.8 厘米,石面上阴刻一裸体舞者,呈行走之势,左右两臂抬升弯曲侧伸,双手举一半环形物品,高过头顶,物品两端垂吊有物,整体似为花绳。舞者左腿前伸,脚向外展,右腿弯曲,右脚后收,脚尖着地,成为"蹉步式",做一种舞蹈动作,应是当时的执物舞。执物舞一般以舞时所执物品命名,主要有飘带舞、花巾舞、花绳舞、碗舞、盘舞、鼓舞等。这枚戒面上微雕的舞者,手持道具,符合两端饰有物品的花绳特点。

戒面上镶嵌的青金石,是古代东西方文化交流的见证之一。青金石多产于阿富汗,通常为集合体产出,呈致密块状、粒状结构。颜色为深蓝色、紫蓝色、天蓝色、绿蓝色等,也是天然蓝色颜料的主要原料,通过丝绸之路传入中国。青金石在选择上以色泽均匀无裂纹、质地细腻无金星为佳,无白洒金次之。洒金指金星均匀分布,如果黄铁矿含量较低,在表面不出现金星也不影响质量，但如果金星色泽发黑、发暗，或者方解石含量过多在表面形成大面积的白斑，则价值大大降低。我们细看这枚青金石戒面，它有着夜空般浓郁的深蓝色，而且质地细腻紧密，无洒金，是质量上乘的珍贵宝石。其上雕刻的人物形态丰满，身姿曼妙，酷似一位妙龄女子翩翩起舞。她手握花环、轻轻舞动，是在花间享受春日美好时光，还是去参加节日盛大的欢庆活动呢？

无独有偶，在美国富兰克林博物馆，收藏有一件萨珊银盘，在银盘的中央，也雕刻有一位舞动花环的裸体女神，与这枚戒指表面的人物非常相似，说明这两件器物的图画内容来自同一母题，原产地是萨珊或中亚地区。这样一枚精美的戒指，究竟是何人所佩戴呢？没错，它的主人就是李贤的原配夫人吴辉。两晋南北朝时期，金戒指男女均可佩戴，北朝时期镶嵌宝石型金戒指的佩戴者多为女性，而且身份地位都很高，从这枚金戒指的出土位置来看，可以确定是李贤的夫人吴辉所佩戴。

李贤的妻子吴辉，根据墓志记载"其先渤海徙焉，门居显称"。《周书·李贤传》记载："高祖及齐王宪之在襁褓也，以避忌，不利居宫中。太祖令于贤家处之，六载乃还宫。因赐贤妻吴姓宇文氏，养为侄女，赐与甚厚。"宇文邕为感激李贤夫妇的抚养之恩，特意到李贤的府邸中给予其丰厚的赏赐。吴辉于西魏大统十三年（547）在原州去世，时年三十八岁。"朝廷以夫门功显，夫人兴修，追赠长城郡君，葬于高平。"到李贤去世以后，夫妇合葬，合双魂而同穴。

萨珊金银币

丝路上流通的国际货币

> 金币均由正面图案、反面图案和正反面的铭文构成,在不同时期图案与铭文有细微变化,在丝绸之路沿线广泛流传和使用。

宁夏固原作为丝绸之路主干线沙漠绿洲一线的必经之地,从20世纪80年代以来,北朝至隋唐时期的墓葬中就不断出土中西亚风格的金银器,其中有诸多萨珊银币、东罗马金币及仿制品。这些实物证明丝绸之路上宁夏境内的商业贸易与文化交流一并呈现出繁荣景象,且蕴含着当时商品贸易、经济往来的大量信息,是丝路遗珍的重要组成部分。

中国境内的第一枚东罗马金币出土于1897年,是俄国人古德弗雷在新疆和田古城废墟中发现的。1915年,英国人斯坦因在吐鲁番发现中国境内出土的第一枚波斯萨珊王朝银币。此后的近一个世纪,特别是20世纪50年代以来,中国境内相继出土的东罗马金币及其仿制品多达50枚以

列奥一世金币

(457—474)

直径1.54厘米，重2.6克

1996年出土宁夏固原北周田弘墓

查士丁一世

(518—527)

直径1.67厘米，重2.9克

1996年出土宁夏固原北周田弘墓

上，分布地点有新疆和田、叶城、吐鲁番，青海都兰，甘肃武威、天水、陇西，宁夏固原，陕西西安、咸阳、定边，内蒙古呼和浩特、武川，河南洛阳，河北赞皇、磁县，辽宁朝阳等。萨珊银币出土数量接近2000枚，分布在新疆、青海、甘肃、宁夏、陕西、内蒙古、河南、河北、江苏、湖北、广东等地。金银币出土数量之多、分布范围之广，引起国内外学术界的极大关注和深入研究。这些金银币在中国境内大致与南北朝至隋唐时期所见的其他金银钱一样，是由西向东主要在丝绸之路沿线逐渐传播的。其中金币均由正面图案、反面图案和正反面的铭文构成，在不同时期图案与铭文有细微变化，在丝绸之路沿线广泛流传和使用。宁夏现存金币及其仿制品11枚，均出土于丝绸之路沿线重镇固原的北周墓葬和隋唐墓地中。其中5枚出土于北周建德四年（575）田弘墓中，以数量而言，一座墓中一次出土5枚金币，在我国境内尚属首例。

在丝路重镇固原出土波斯金币的同时，固原及周边地区出土了5枚萨珊朝卑路斯银币。萨珊银币通过丝绸之路上的商业贸易进入我国，并在一定范围内流通。从银币上打压的国王名字看，萨珊王朝12位国王制作的银币都曾流传到中国。由于萨珊王朝的新王即位后，就可以铸造新钱币，萨珊王朝的每位统治者都铸造有钱币，这些钱币遗留至今，具有不可估量的历史、文化、经济和史料价值。他们铸造的所有钱币采用固定的面额和重量标准，以自己的半身像图案为主，正面是国王的半身像，肖像的脸朝右，国王的名字和称号用古波斯文镌刻在靠近边缘的地方，像和铭文的周

查士丁一世与查士丁尼一世共治（2枚）

直径均1.62厘米，重2.6克和3.3克
1996年出土宁夏固原北周田弘墓

围环绕有细小联珠组成的圆圈。每个统治者都有自己个性化的王冠,成为伊朗艺术及其断代的可靠标志。钱币上只出现过一位王后的肖像,就是普兰的像。背面的图案,总是古波斯国教——袄教圣火熊熊燃烧的火坛,主要由火坛本身,火坛及其两侧的两个人物,或者火坛火焰中有半身肖像以及镌刻铸币地点和铸币年代的文字三种变体内容组成。其中陪侍在火坛旁边的两个人物代表的意义,尚在探讨之中,有可能是袄教中普通僧侣"美葛(Megush)"和"摩倍德(Mobedh)",也可能是祭司或者国王。钱币开始发行时,人物的手中拿着长杆,后来改为拿着一捆短棒,面向火坛,或者面向外。在胡司洛一世时期,他们以正面形象出现,从白赫兰二世(275—293)时代起,陪侍者之一从其冠冕上判断可能代表国王,这种设计暗示君权神授。

萨珊王朝采用帕提亚时代最通用的货币,即以雅典重量单位计量的传统银德拉克姆(drachm)。除了少量例外,银币的重量(约4克)和所用金属的考究一如既往。除德拉克姆之外,还有半德拉克姆,奥博尔(六分之一德拉克姆)和半奥博尔,以及劣质银合金(含铜较多的银)的四德拉克姆。钱币铭文的范式取决于王朝的政治和宗教动机,用萨珊帕勒维文书写,掺杂使用一些表意文字。正面镌刻国王的名字和称号,背面镌刻王家圣火的名称,后来则镌刻铸币地点和君主纪年。后期钱币的主要特点之一是背面右侧镌刻有铸币厂的首字母图案,并以缩写形式刻上铸币城市的名字。这些缩写形式代表那些被授权拥有铸币厂的城市的萨珊全名。

查士丁尼一世

(527—565)
直径1.6厘米,重2.5克
1996年出土宁夏固原北周田弘墓

萨珊卑路斯银币

直径2.7厘米,重3.5克
出土于北魏漆棺画墓

这些铸币厂的标记中，大约有 200 个为后世所知，如：W 代表霍尔米兹德—阿达希尔（今艾海瓦兹 [Ahvaz]）；PR 代表阿巴尔沙赫尔（尼沙普尔）；RT 代表阿尔达希尔—赫瓦列（菲鲁兹阿巴德）；HM 代表哈马丹；YL'M 代表伊朗—赫瓦列—沙普尔（苏萨）；BYS 代表法尔斯的比沙普尔。

波斯萨珊金银币在我国北朝隋唐间是具有国际地位的通用货币，即使是仿制品，也依然流通，因为使用贵金属仿造铸币，其流通价值是等同的。在中国境内发现的萨珊银币和东罗马金币及仿造品，一部分是由商贾们作为货币带入，另一部分则是作为纪念品被带入，并且都在中国部分地区流通。仿制品的流入，一方面说明东罗马帝国与中国有着频繁的往来，另一方面说明东罗马为了摆脱萨珊人的封锁，与中国发生贸易关系，只能在中亚某一地区或"昭武九姓"即粟特人居住之地仿制其货币，然后通过丝绸之路运往各地。

蓝色宝石印章

饰以狮子与生命树的古波斯文印

这枚印章上的图案是中国迄今发现唯一的狮子和石榴图案的印章,应是祆教遗物,为祆教在中国传播提供了极其重要的考古实物证据。

1986年,在宁夏固原北朝隋唐墓地发掘了粟特人史诃耽与其汉族妻子张氏合葬墓,史诃耽是唐咸亨元年(670)十一月入籍中原的粟特人,其先祖来自中亚,信仰祆教。墓中出土了石棺床、石墓门、鎏金花饰、鎏金带扣、金铊尾、东罗马金币仿制品、蓝色宝石印章、小玻璃碗、黄色玻璃花结等文物,其中蓝色宝石印章尤为珍贵。

这件宝石印章一面光洁,边缘凸起;另一面刻有纹饰,中间为一卧狮,狮子背部有三个树杈,树杈较短,枝上结有似石榴的果实,周围刻有字母铭文,可译为"世界宽容!世界宽容!世界宽容!"这是萨珊王朝的一种祈祷文。另一种认为属中古波斯文,意为"高贵,繁荣,兴旺,幸福,快

蓝色宝石印章

直径1.6厘米,厚0.5厘米
1986年出土于宁夏固原史诃耽夫妇合葬墓

乐",是中古时期伊朗南部方言,也是目前所知东传最远的中古波斯文。然而,伊朗德黑兰大学的三位教授释读了印章上的文字,他们认为这一圈字母是三次重复的一个词,英文相当于"Pious",意思是虔诚的、敬神的、可嘉的、尽责的,显然具有浓郁的宗教色彩。

这枚蓝色圆形宝石印章的材质、雕刻技法和图案主题来自萨珊波斯艺术,狮子代表太阳,三杈树枝代表生命树。这枚印章上的图案是中国迄今发现唯一的狮子和石榴图案的印章,应是祆教遗物,为祆教在中国传播提供了极其重要的考古实物证据。祆教从波斯传到中亚,又从中亚传到中国,一个古代宗教在如此大的时空变动中,应当会呈现出不同的特色。在伊朗文化中,有两位女神与狮子和石榴有比较密切的关系,一位是阿娜希塔女神,一位是阿什女神,因此石榴和狮子在西亚和中亚文化中具有丰富的含义。阿娜希塔容貌漂亮异常,手持一个装满了宇宙之水、莲花和鸽子的罐子作为象征物,或手执石榴象征丰收。她本质上是水崇拜的反映,她守护着泉水,滋润大地。恰好,在史诃耽的一生经历和信仰中,与马有着密切关系,这位女神能使所养的马成千倍地增长,牲畜和它们健美的后代也成千倍地增长。这样看来,宝石印章图案和对女神的崇拜有关系。

史诃耽,原州平高县人,先祖为中亚粟特史国国王的后裔。曾祖父史尼,曾任北魏萨宝、张掖县令。祖父史思,在北周京师萨宝府任职,在酒泉做过县令。父亲史陀,即史射勿,为隋朝左领军骠骑将军。他本人少时好学,青年时期博学多才,品行高尚。唐武德九年(626),因精于宫中养马之事,敕授"左二监",为监牧监正。又因他学识高,仪表美,掌握粟特语言,被朝廷加封"直中书省翻译朝会"的职务,负责管理四夷来朝、大朝会、使节、纳贡等事务。从唐贞观三年至十三年(629—639),他从正七品的宣德郎荣升为正六品的朝议郎。唐乾封元年(666),被敕授为虢州诸军事、虢州刺史。后来年事已高,申请在家养闲,皇帝降旨允准。唐总章二年(669)九月二十三日,在原州平高县劝善里舍去世,终年86岁。夫人康氏,为康国人后裔,唐贞观四年(630)终于长安城延寿里,享年40岁。后妻张氏,授"南阳郡君",与他合葬于原州平高县城南百达原。他的一生,善良朴素,志向远大,可谓人英时杰,德才兼备。

金覆面
「面罩」之下见葬俗

> 中古时期生活在中亚两河流域的"昭武九姓"粟特人深受影响,徙居固原的史姓在去世后仍然保留了祖上在中亚使用的"覆面"习俗。

所谓"覆面",顾名思义,就是直接掩盖在亡故之人脸面上的器物,又有"面罩""布巾""布衣""面具"等叫法。专业术语确切地说,是人类遮盖死者面部使用的一种葬具。这种葬俗历史悠久,使用范围广泛,在古代中国、古埃及、墨西哥的玛雅文化和古希腊都普遍存在覆面葬俗,体现了某种特定的埋葬思想。在我国已经出土覆面的墓葬有200多座,从中可以看出,覆面的样式很多,材质各异,制作工艺和具体使用方法也不尽相同,各个时代的"覆面"不尽一致,各有特点。

这组覆面的主人为史道德,是中亚"昭武九姓"粟特人,他使用覆面的葬俗体现了粟特人崇拜日月的相关习俗。史道德墓葬的时间是唐仪凤三

金覆面

唐(618—907)
1982年出土于宁夏固原史道德墓

固原隋唐粟特人墓地

年（678），墓虽被盗严重，但仍然出土了《大唐故人史府君之铭》墓志、动物纹圆形金饰、兽面金饰、素面小铜镜和金带扣、方形金铐、金币、金覆面等20余件珍贵文物。其中金覆面最为珍贵，覆面由护额饰、护眉饰、护鼻饰、护唇饰、护颌饰、护鬓饰等金质构件组成。

覆面丧葬习俗在我国最早起源于西周时期，山西天马曲村遗址西周晋侯墓地出土的双层缀玉覆面开启了玉文化与覆面丧葬文化完美结合的时代，而这一文化特征在两汉时期达到了顶峰，显示了中国古人对于覆面这一丧葬习俗的喜爱。随着历史时代的发展，覆面文化与其他质地的结合也呈现出了鲜明的特色。南北朝至唐时期，我国出土的覆面多为绵、绢、绮、纸质地，以套帽式、锦面式居多。随着冶金技术的不断发展，唐至宋辽时期的覆面多以铜质鎏金、银质鎏金以及金制为主，多用薄银板或薄铜板加工打制而成。我国覆面习俗的发展，与当时的社会生产力与价值观念有着密不可分的关系。纵向看，从西周、两汉时期的早期玉质地覆面到南北朝、唐时期的丝织品织锦类覆面，再到宋辽时期的金属质覆面，不同时期地域间的文化赋予了覆面文化不同的特色。横向看，世界范围内覆面文化在丧葬文化习俗中同样有着举足轻重的地位与其存在的意义。生活在欧亚大草原上的游牧民族，有着使用金属覆面的悠长历史与习俗。公元前3000年左右，地中海东部以及美索不达米亚平原地区出土的随葬金面具、护眼与护嘴等器物已经出现了覆面习俗的雏形，而相似性质的器物在埃及、迈锡尼、塞浦路斯等地都有发现。帕提亚人将覆面这一习俗向近东的辽阔区域内逐步传播。与我国出土的早期覆面不同，地中海地区的金属面具、护眼、护嘴等器物，没有用纺织品做底缀，而是通过金属线将面具固定于死者背颈部。帕提亚人通过改革与创新，创造出了丝织覆面与眼罩，而这种习俗在高加索、波斯海北岸和克里米亚半岛等地区迅速传播。在这种影响下，中亚出现了丝绸覆面上缀缝各种贵金属的习俗，中古时期生活在中亚两河流域的"昭武九姓"粟特人深受影响，徙居固原的史姓在去世后仍然保留了祖上在中亚使用的"覆面"习俗。史道德墓中出土的金覆面就是中国古代内地贵族覆面丧葬习俗与欧亚大草原游牧民族金属覆面葬俗文化的完美结合，在包容迥异文明文化的同时，又彰显出了兼收并蓄的厚重美感，作为完美融合两种文明文化的艺术品，有着其独特的价值与意义。

中亚"昭武九姓"粟特人，是隋唐时期活动于中亚地区阿姆河与锡尔河之间索格底亚那地区粟特人的统称。"其王本姓温，月氏人也，旧居祁连山北昭武城，因被匈奴所破，西逾葱岭，遂有国。枝庶各为王，故康国左右诸国并以昭武为姓，示不忘本。"子孙分王为政，建立康国、何国、米国、史国、曹国、石国、安国、火寻、戊地九国。流寓中国的粟特人，均以国为姓，素以善于经商著称于世，利之所在，不远千里。他们通过丝绸之路来往于中亚与中国之间，进行国际商贸活动。他们大致沿着丝绸之路一线，从西向东发展。首先到达今天新疆塔里木盆地边缘位于丝绸之路上的一些著名城市，如和田、楼兰、龟兹、喀什等地，形成了新疆地区第一个粟特人的聚落分布区，再向东进入吐鲁番，形成新疆地区又一个粟特人的重要居住区。由于丝绸之路的畅通，粟特人又进入河西走廊的敦煌、酒泉、张掖、武威等地，并在这里进行商业贸易、农业生产并参与政治等活动，逐步把河西地区发展成为粟特人的重要聚散地，并通过这里向中国其他地区徙居。固原南郊隋唐墓地发掘的史系家族墓葬就属于"昭武九姓"之一的史姓，史道德就是史姓家族的成员之一。"昭武九姓"的史国人，是通过新疆、河西走廊到北朝时流寓今固原的，并且在当时他们的势力很大，多为中级官员，史射勿担任骠骑将军，史索岩任平凉郡都尉，史诃耽为朝廷直中书省朝会翻译，史道德为兰池监，史铁棒为司驭寺右十七监，史道洛任左亲卫。除史姓家族之外，当时的固原还生活有其他"昭武九姓"

人,如史索岩之妻安氏、史道洛之妻康氏等。

宁夏固原北朝隋唐墓地,是丝绸之路沿线"昭武九姓"史姓粟特人的一处大型墓地,墓地发掘了隋唐时期史射勿、史诃耽、史道德、史道洛、史索岩、史铁棒等9座大型墓葬,出土了一批中西文化交流的遗物,证明了固原在隋唐丝绸之路昌盛繁荣时期的重要地位。史道德墓的覆面习俗与波斯和中亚的覆面习俗有着千丝万缕的联系,其中额饰上半月形间托一圆形,圆形或表示太阳,与西亚、中亚崇拜日月的习俗有关。

这件金覆面的使用者史道德,字万安,远祖因做官来到高平并定居原州高平。父亲为唐朝正议大夫(正四品)、平凉县(治晋阳川,今宁夏固原市彭阳县红河乡)开国侯(从三品)。史道德懂兵法,饱读诗书,服务三朝,倡导汉代考察官员的六条制度。他以鹰扬将的身份出使玉门以西,下金城(今甘肃兰州)。唐龙朔三年(663),史道德诏除兰池监牧监正,唐总章二年(669),拜给事郎,迁玉亭监牧监正(下监,从六品),唐仪凤三年(678)三月十九日,在原州平高县招送里私邸去世,终年66岁。十一月葬于原州百达原。嗣子史文环勒石刻碑,总结父亲一生。1982年,史道德墓在今宁夏固原市原州区开城镇王涝坝村被发掘,出土了一批重要文物,其中金覆面是所有史姓粟特人墓葬发现遗物中最为珍贵的随葬品。

镇墓武士俑
英俊潇洒的灵魂守护者

体型高大雄健、金装甲胄、装饰华丽、制作精细、英俊潇洒,这是大型彩绘镇墓武士俑在宁夏的首次发现,体现了北朝隋唐时期这个区域内镇墓俑的演进过程、与众不同的造型和高超的工艺水平。

陶俑是我国雕塑艺术宝库中的一朵奇葩,它是我国丧葬制度发展到一定阶段的产物,集社会观念和艺术表现于一身。古人在墓葬中随葬种类繁多的明器,反映了"象其生以送死"的理念。陶质俑群就是众多明器中具有典型代表意义的种类,蕴含着古代诸多社会文化信息及古人的信仰观念,其中的镇墓俑有显著的个性特点,放置于墓门两侧,一般意义上用来震慑鬼怪、保护亡者灵魂不受侵扰。宁夏固原境内北朝隋唐时期的彭阳新集北魏墓,北周李贤夫妇合葬墓、宇文猛墓、田弘夫妇合葬墓及唐代史道洛、史索岩等大中型墓葬中均随葬有大量的俑群,其中镇墓俑是最具特色的一类。

张口镇墓武士俑

唐（618—907）
通高86厘米，身高76厘米
1995年出土于宁夏固原史道洛墓

宁夏固原地区出土的镇墓俑主要包括镇墓武士俑和镇墓兽，具有鲜明的时代与区域特征，对研究北朝隋唐时期固原地区的舆服、礼仪、生活乃至文化交流具有重要意义，并从中折射出当时的社会习俗和时代特征。同时，这些镇墓俑和镇墓兽显现出了自身风格的流变过程。北周的镇墓兽风格呈威猛怪兽状，沿袭了十六国以来随葬成对的传统，继承了北魏呈匍匐爬卧状的形态，出现了背部鬃毛消失、头部生角的形制。当时的镇墓武士俑则大腹向身体右侧突起，

闭口镇墓武士俑

唐（618—907）
通高83厘米，身高70厘米
1995年出土于宁夏固原史道洛墓

人面镇墓兽

唐（618—907）
通高55厘米，兽身高46厘米
1995年出土于宁夏固原史道洛墓

兽面镇墓兽

唐（618—907）
通高52厘米，兽身高43厘米
1995年出土于宁夏固原史道洛墓

形成自己的特点。唐代的镇墓俑和镇墓兽风格在整体造型上继承了北朝与隋代的风格，同时也显露出人兽结合的造型特征。其中，1995年宁夏固原县南郊乡小马庄村唐代史道洛墓出土的张口和闭口2件镇墓武士俑体型高大雄健、金装甲胄、装饰华丽、制作精细、英俊潇洒，这是大型彩绘镇墓武士俑在宁夏的首次发现，体现了北朝隋唐时期这个区域内镇墓俑的演进过程、与众不同的造型和高超的工艺水平，引人注目，堪称近年唐墓出土陶俑的精品，是镇墓俑的典型代表。1996年被鉴定为国家一级文物。

除了张口镇墓武士俑、闭口镇墓武士俑，史道洛墓还出土了人面镇墓兽、兽面镇墓兽两件精美明器。

这几件镇墓武士、镇墓兽守护的主人是史道洛，他是原州平高县（今宁夏固原市原州区）人，是隋正议大夫右领军骠骑将军史射勿的儿子、唐中书省翻书译语直官史诃耽的弟弟。他遗传了先辈的优秀基因，"圭璋博达，仪表绝伦"，品行端正，表里如一。不依权自持，为人谦恭礼貌，恪守本分。唐永徽六年（655），因病在原州劝善里去世，享年65岁。

宋墓孝子故事砖雕

孝子故事 传承孝道

孝子故事砖雕为我们研究宋代墓葬形制及丧葬习俗提供了新的资料，同时为我们在中华优秀传统文化中传承孝道提供了时代价值。

孝是中国最重要的传统美德之一，是中国传统文化的基本。中国的孝道经历上古时期的萌芽，西周的兴盛，春秋战国的转化，汉朝的政治化，魏晋南北朝的深化，宋明时期的极端化，再到现在的变革，是经过了漫长的岁月和历史的发展积淀而成的，最终成为儒家伦理思想的核心和社会维系家庭关系的道德准则，从而成为中华民族的传统美德。元代，郭居敬从不同角度、不同环境、不同际遇行孝的事迹中辑录古代24个孝子的故事编成《二十四孝》，成为中国古代宣扬儒家思想及孝道的通俗读物。在民间，忠孝双全、望云思亲、上书救父、彩衣养亲、哭竹生笋、卧冰求鱼、闻雷泣墓、打虎救父、鹿乳奉亲等孝子故事流传甚广。

何为"孝"？中国最早的一部解释词义的著作《尔雅》说："善事父母为孝。"汉代贾谊的《新书》认为"子爱利亲谓之孝"。东汉许慎《说文解字》释为："善事父母者，从老省、从子，子承老也。"许慎认为，"孝"字是由"老"字省去右下角的形体，和"子"字组合而成的一个会意字。通过对"孝"字的解析，我们可以看出，"孝"的古文字形与"善事父母"之义是吻合的，因而孝就是子女对父母的一种善行和美德，是家庭中晚辈在处理与长辈的关系时应该具有的道德品质和必须遵守的行为规范。自古以来，尧舜禹、"孔门七十二贤"的子路、汉文帝刘恒以及百姓都留下了动人孝子故事。如"亲尝汤药"的故事就是发生在刘恒身上的孝亲故事。刘恒，汉高祖第四子，为薄太后所生。继位后，他以仁孝之名，闻于天下，侍奉母亲从不懈怠。母亲卧病三年，他常常目不交睫，衣不解带，母亲所服的汤药，他亲口尝过后才放心让母亲服用。他在位24年，重德治，兴礼仪，注意发展农业，使西汉社会稳定，人丁兴旺，经济得到恢复和发展，他与汉景帝的统治时期被誉为"文景之治"。汉文帝的"亲尝汤药"，使汉代成为中国历史上第一个推行"以孝治国"的政权，还推出了诸多措施提倡孝，让孝从家庭伦理成为社会伦理、政治伦理，孝和忠两种思想相辅相成，逐步成为社会的主流思想，成为社会思想道德的核心，成为汉代统治者治国理政的核心。

从古至今，人们为了宣扬孝文化，采用了多种宣传手段，不仅产生了诸多的孝子民间传说故事，刊行了《二十四孝》《二十四孝图诗》《女二十四孝图》等通俗读物，而且还把这些孝子故事以形象的绘画雕刻等艺术手段展示在传统的木雕、砖雕和刺绣上，形成了喜闻乐见的生动图案。特别是人们在生前讲孝道，在死后同样把孝道带进了另一个世界，使孝子故事成为墓葬砖雕图像的主要内容，极大地丰富了丧葬文化。这种用24孝故事砖雕来装饰墓葬的做法，在宋代达到了高峰，尤为兴盛，成为宋代丧葬文化中的一大特点，宋墓中的孝子故事砖雕成为最具特色的随葬品。

1985年5月29日，位于宁夏西吉县东南约30公里的西滩乡黑虎沟村。一场暴雨过后，山洪冲塌断崖暴露出来一座古墓。经过抢救性发掘，探明这是一座宋代的砖室墓葬，墓室内镶嵌有花卉、人物、孝子故事等题材的精美砖雕。

墓室内的花卉砖雕，镶嵌在墓室东西北三壁，内容有莲花、牡丹、玉兰花等，或交枝，或折枝，或呈束把状，均雕出如意形边框。其中莲花纹砖雕，在方砖边框内雕一束莲花，下边雕莲叶，其上有对称的两枝花蕾和盛开的莲花以及新抽出的小尖叶。牡丹花纹砖雕，在方砖边框内雕一枝盛开的折枝牡丹。玉兰花砖雕，在方砖的周围雕一边框，上为对称的连弧状，两边呈直线形，边框内雕出两交枝带叶片的花朵，方框下边由外向内雕出两朵对称的花叶或者两枝茂盛花朵。

人物砖雕中男女侍从的内容丰富，其中启门侍女，门为半开状，门的中间为一侍女，梳高髻，面带笑容，上穿长袖衫，下着裙，探头侧身在两扇门之间，右手扶门作开门状。双人梳妆侍女砖雕，在方砖边框内雕站立

花卉

双人梳妆侍女

花卉

启门侍女

孟宗哭竹生笋

王祥卧冰求鲤

的两位侍女，梳高髻，上身着衫，下身穿长裙，露出双足尖。左边一人双手捧梳妆盒，置于胸前，身体向左稍屈。右边的人双手抱一长柄铜镜，镜面向怀内。

这座宋代墓葬中最具特色的发现就是孝子故事砖雕，这些孝子故事砖雕镶嵌在墓室东西两壁，有孟宗哭竹生笋、王祥卧冰求鲤、王裒闻雷泣墓、曹娥哭江、姜诗涌泉跃鲤、蔡顺伏棺泣尸6则中国传统的孝子故事。

孟宗哭竹生笋方砖边框内雕出一人跪地，头包方巾，穿长袖衫，一手扶竹，一手掩面作哭泣状，身后雕一直立的高大老竹，下方雕一竹篮。两棵老竹旁雕出两棵新出土的竹笋。这个故事来源于《三国志·吴书》引楚国先贤传：孟宗，字恭武，三国吴江夏（今湖北汉阳之鲁山）人。宗母嗜竹，冬日将至，时笋尚未出，宗入林哀叹，而笋为之出，得以供母。皆认为为孝所感。唐代白居易《白氏久贴》称"孟宗后母好笋，令宗冬日求之，宗入竹林恸器，笋为之出"。

王祥卧冰求鲤方砖边框内的上部雕有一粗大的老树，只有枝干，而无树叶，树枝上挂有衣裤，象征冬天的情景。中部雕一人结发髻，赤上身，下身着短裤，横卧在冰面上。下部雕出湖（河）岸，岸边放一双鞋和一只带提梁的篮子。人身旁边有三只竖直露出冰面的鱼头。这个故事源于《晋书·王祥传》，王祥，东汉琅琊人（今山东省诸城市东南），官至汉光禄勋，晋武帝拜为太保，赐爵为公。"祥性至孝，早丧亲，继母朱氏不慈。……祥愈恭谨。父母有疾，衣不解带，汤药必亲尝。母常欲生鱼，时天寒冰冻，祥将解衣剖冰求之，冰忽自解，双鲤跃出，持之而归……有丹奈（李树）结实，母命守之，每风雨，祥辄树而泣，其笃孝如此。"《孝诗》赞其孝行曰"风李应难守，冻鱼未易求，剖冰不辞冻，抱树可胜愁"。

王裒闻雷泣墓砖雕图面的下部雕一土丘，土堆旁雕出用砖错缝起砌的墓碑，碑的周围雕饰草丛，象征荒郊野外。碑的右侧站立一人，头包巾，穿长袖衫，腰系带，双手抱墓碑。这个故事来源于《晋书·王裒传》，王裒，字伟元，三国魏城阳营陵（今山东临淄西北）人。"庐于墓侧，旦夕常至墓所，跪拜，攀柏悲号，涕泪著树，树为之枯。母性畏雷，每雷，辄到墓曰：'裒在此，母亲勿惧。'"有诗曰："王裒慈母怕雷声，每至春间不得宁，乃至百年之没后，语坟犹怕阿娘惊。"

曹娥哭江砖雕画面的上部及中部雕出浪涛翻滚的江水，下部雕有一人字形的堤岸，岸上草丛站立一人，右手拄一杖，左手掩面作哭泣状。似为曹娥投江前，沿江号声寻父的情景。这个故事源于《后汉书·列女传》，"孝女曹娥，会稽上虞人也。父盱，能弦歌，为巫祝。汉安二年五月五日，于县江诉涛。迎婆婆神，溺死，不得尸骸。娥年十四岁，乃沿江号哭，昼夜不绝声，旬有七日，遂投江而死。至元嘉元年，县令度尚改葬娥于江南道旁，为立碑焉"。

姜诗涌泉跃鲤砖雕画面的中下部，雕有一人站立，头包巾，腰系带束结。穿长袖衫，用袖掩面，似在抹泪。左上角至右下角相当于左右对角线位置，雕出堤岸与江水的分界线。姜诗，字示游，东汉雒（今四川广汉市）

王裒闻雷泣墓

曹娥哭江

姜诗涌泉跃鲤

蔡顺伏棺泣尸

人。《东观汉记》卷十七载:"诗性至孝,母好饮江水,令儿常取水,溺死,夫妇痛,恐母知,诈曰游学,岁岁作衣,投于江中,俄而,涌泉之舍侧,味入江水,旦生鲤一双。"砖雕上的图案很可能是儿打水时,落入江中,而桶仍留在岸上,姜诗看到此处,伤心哭泣的画面。

蔡顺伏棺泣尸砖雕图面下部横雕一棺材,棺右站一人,穿长袖衫,右手扶一杖,左手用长袖掩面似哭泣状。棺材前有一圆形盆。蔡顺,字君仲,

武士图

汝男安城人（今河南汝县东南），"以至孝称"。《后汉书·周盘传》附《蔡顺传》载："孝子蔡顺，少孤……。其母年九十，以寿终。未及得葬，里中失火，火将逼其舍，顺抱伏棺枢，号哭叫天，火遂越烧它室，顺独得其免。"雕砖的内容，正是表现这个故事的情节。

　　披甲守门武士砖雕，嵌墓门两侧壁。东壁武士，头戴兜鍪，两边有护耳，向上翻卷，鍪正中结一圆缨，向脑后飘飞，肩上披膊，全身披长片形连环甲。腰系带,带结蝴蝶结,带两端向下飘垂,带上系一护心镜。足蹬靴,坐一块大石上,右脚屈起,左腿屈起,脚踏地,左手握拳,拄在左腿膝盖上,右手拿一长剑,怒睁环眼,威风凛凛。

宋代砖室墓葬,20世纪70年代在固原地区早有所发现,但是这座宋墓的发现意义非凡,是本区域内首次出土孝子故事砖雕的墓葬,为我们研究宋代墓葬形制及丧葬习俗提供了新的资料,同时为我们在中华优秀传统文化中传承孝道提供了时代价值,去其糟粕,汲取精华,需要我们将中华孝道的核心与内涵,优秀的传统文化代代传承下去。

宋代大铁钟

千年佛钟 钟声悠扬

> 寺院一天的作息,是始于钟声,止于钟声。圆润洪亮、深沉清远的钟声,也被注入了"惊醒世间名利客,唤回苦海迷路人"的殊胜含义。

魏晋南北朝时期佛教滥觞我国,得到了统治者的宣扬、利用和民众的普遍信仰。我国工匠顺应民间宗教信仰潮流,为了加大宣扬佛法的需要,匠心独运,在传统的朝钟、乐钟、道钟、更钟的基础上,创造出了佛钟,且在唐宋时期得到了快速发展。其显著特征就是体大,敲击能发出洪亮的声音,利用悦耳的声音,宣扬佛法无边,感化教导人,达到使恶者善、愚者智、悲者喜的效果,并把所敬奉的佛名、诵读的佛经与美好的向往铸写在钟上,融入悠长的钟声中,随钟声让人尽皆知。

在中国历史上,钟具有独特的地位和作用,它的历史古老,远在原始社会末期,中国已有钟出现,或以木制,或以竹制,或以陶制,是一种简单的打击乐器，起到聆音欢娱的作用，随着人类社会的发展，人们对音阶与音律的认识渐趋完善，商周时期出现了青铜制作的铙、镈钟、甬钟、编钟等演奏乐器。"钟鸣鼎食"，日益成为贵族统治者权势地位的标志。悬挂编钟，要严格按照礼乐制度规定的名位等级，制礼作乐成为当时治国安邦的大事。

战国时代的伟大诗人屈原有"黄钟毁弃，瓦釜雷鸣，谗人高张，贤士无名"的诗句传诵于世。它除了反映当时礼崩乐坏的社会局面外，也说明古钟已成为人们心中崇高、公正、贤明、美好的华夏文明象征。到了秦朝，出现了象征中央集权的巨型铜钟——朝钟。随着佛教的传入，南北朝时，由于受到印度圆口钟的影响，从而出现了形如瓦罐的圆形钟。这类钟为佛寺、钟楼使用，因它余音太长而不适于参加合奏。北宋沈括《梦溪笔谈》云："古乐钟皆扁，如合瓦。盖钟圆则声长，扁则声短。声短则节（余音短）；声长则曲（余音长）。"

现存中国各地的古代千斤大钟，最少有251口，其中大铜钟137口，大铁钟114口，中国古代大钟之多，为世界之最。中国古代大钟，三分之二主要用作佛钟，钟是寺院中的重要法器，在许多名刹古寺里，高大的钟楼，增添了寺院的威严。钟悬挂于钟楼上，用于召集僧人上殿、诵经做功课，通知僧人每日起床、睡觉、吃饭等。清晨的钟声是先急后缓，警醒大家，长夜已过，勿再放逸沉睡，要早起抓紧时间修持；而夜晚的钟声是先缓后急，提醒修行人觉昏衢，疏冥昧。寺院一天的作息，是始于钟声，止

大铁钟

北宋(960—1127)
高2.36米,口径1.7米,重量约7吨

于钟声。圆润洪亮、深沉清远的钟声,也被注入了"惊醒世间名利客,唤回苦海迷路人"的殊胜含义。

宁夏固原博物馆所藏北宋靖康铁质佛钟便是显著例证,这口钟体型浑大,造型古朴,敲击发出的声音纯厚圆润,悠扬洪亮。上铸各种图案及铭文436字,从北宋靖康元年(1126)流传至今,保存完好,实为罕见,却鲜为人知。

这口大铁钟钟纽为桥形,由两条龙头背向组合而成,面部轮廓清晰,双目凝视前方,形象逼真。肩部铸有覆莲瓣纹一周,并铸有意云纹朵和直径为11厘米的圆孔4个。腹部铸出上中下3层格,上层格宽31厘米,中下两层格宽均为33厘米,每层格内铸有大小相等的长方块状图形,一周8个,块内有铭文。下部铸出形似太阳、直径为18厘米的圆形球状图案,一周4个。口沿为莲弧形状。

大铁钟上的铭文,有极个别锈蚀漫漶不能辨认外,余则清晰。上层格的8个长方块内分别铸有与佛教相关的内容、祷语和民众敬奉的众佛名称的铭文。中层格的8个块内其中4块铸有民众祝愿皇帝、祈盼民安、歌颂重臣、宣扬佛法内容的铭文,另外4块铸有捐助铸钟人的姓名与官职的铭文。下层格的8个块内,其中一块记有铸钟的时间,"时大宋靖康元年岁次丙午八月中铸成,会首守秦洲助教任晟等";两块记有与钟相关的古寺和僧人,"秦洲甘泉堡行香寺绿化僧智遇""智遇先为狱史后别为僧发愿铸钟";还有一块记有铸钟匠人和捐助人员的姓名和官职;另外4块铸有

"富国安民"铭文

捐助铸钟人员的姓名与官职。

历史上钟与古寺和僧人似有不解之缘,文人骚客就此不乏诗篇名句,李白"蜀僧抱绿绮。……余响入霜钟",苏轼"报道先生春睡美,道人轻打五更钟",张继"姑苏城外寒山寺,夜半钟声到客船",这些名句为古钟增添了无限情趣。靖康铁钟则与甘泉堡行香寺的僧人智遇密切相关。甘泉堡(今甘肃省会宁县境内)是北宋王朝为了抵御西夏设置的军事防御堡寨之一,位于当时秦州的北部,与西安州和镇戎军相邻,军事战略位置十分重要。就在这个重镇有行香寺,智遇出家前任职于监狱,是看管犯人的"狱史",因为看到宋夏两国大规模战役经常发生,兵燹不断祸及这个区域，民众苦不堪言，为了挽救民众脱离苦海，把这种向往寄托在佛身上，试图通过弘扬佛法实现自己的心愿，便到行香寺当了和尚，后他又立下愿望，要铸造一口佛钟，加大宣扬佛法的力度。于是四处奔波，寻求捐助，经过不懈的努力，终于在靖康元年铸出了流传至今的这口大铁钟，使其成为我国较早铸造的铁质佛钟之一，在全国范围内实属罕见，寥寥无几，也是研究北宋冶铁铸造工艺、区域佛学地方史志等不可多得的实物见证。该钟不仅是珍贵的文物，而且也是现代人们观赏的景物。

据明嘉靖、万历《固原州志》中《固原镇鼓楼记》和《固原镇鼓楼记略》记载，明正德年间修成的鼓楼，"东悬鼓，西悬钟，悬者又靖康时故钟焉"。可见该钟早年悬挂在固原内城的鼓楼上，20世纪70年代固原鼓楼被拆除毁坏，钟被文化文物部门保存。1984年，宁夏固原博物馆成立，将其收藏。1988年，修建八角重檐的亭子，供专门陈列。

黑釉瓷瓶

"京兆府"里盛酒水

> 金代的陶瓷业对我国的陶瓷业也做出了一定贡献,在金世宗执政的近三十年间社会经济得到恢复和发展,陶瓷业也得到一定程度的恢复和发展。

　　宁夏固原博物馆藏有一件金代来自"京兆府"的黑釉瓷瓶,瓷瓶小口外撇,短颈,颈部有三道凸弦纹,丰肩,圆鼓腹,腹下至底部逐渐内收,平底。肩部、腹下部两侧均布有二耳,耳为桥形,耳中有一道弦纹,腹部也有数道弦纹,施黑釉,腹部釉流成泪滴状,有些部位呈黄色,腹部刻有"京兆府□州"。

　　京兆府是唐代开元元年(713)在长安附近设置的地方行政区划,这是府作为行政区划的开始,也称京兆郡,原为雍州。唐玄宗开元年间,把长安所在的雍州改为京兆府,把洛阳所在的洛州改为河南府,京兆府的首长为京兆尹。

黑釉瓷瓶

金（1115—1234）
高94.5厘米，腹径35厘米，口径10.5厘米
1986年宁夏固原张易乡征集

这件黑釉瓷瓶，腹部刻有"京兆府口州"，其中"口州"无法辨认，根据京兆府历史沿革来看，"口州"大致是桢州。"京兆府"在今陕西西安，"京兆府口州"就是烧造这个瓷瓶的地点。

这件瓷瓶造型奇特、美观，有较高的艺术价值。这种带铭文的瓷瓶金代比较少有，是金代瓷器的典型代表。金代陶瓷业在中国陶瓷史上是一个不可缺少的组成部分，随着金代陶瓷资料的不断发现，对金代陶瓷的了解认识也日渐清晰。金的陶瓷实际上由两部分组成，一部分是东北地区继承辽瓷的传统，是辽瓷的延续。另一部分就是入关以后，占领宋中原、关中大片领土，同当地陶瓷业融合发展，中原有发达的陶瓷手工业，如定窑、磁州窑、钧窑、耀州窑等。考古发现，金人墓中出土上述各窑瓷器屡见不鲜，这些瓷窑的生产者中原工匠居多。技艺熟练的中原工匠，进入金朝后继续生产，其品种和艺术风格依然保持了中原的艺术风格。生产的瓷器从制作风格上几乎和宋分不出来。只是随时代演变，装饰艺术、造型艺术有一些变化，印花工艺更广泛使用。

金代的陶瓷生产，前期主要是边陲少数民族的陶瓷业，这个时期生产的陶瓷产品，绝大部分是日用粗瓷，产品釉色单调，器型不规整，朴拙，胎骨厚重而色杂，烧结程度不高。除了少数白釉黑花瓷器，绝大部分没有花纹装饰。有黑釉、白釉、酱色釉、茶绿色釉等，釉面不均衡缺乏润泽感，烧制工艺粗糙，制作极不规整，瓶、壶、罐常见两系、三系、四系。后期又因宋金之间的战争，导致中国北方陶瓷业停滞滑坡。当时，今河南河北一带本来是北宋陶瓷的重要生产基地，但由于宋金之战反而成为战争的争夺地带，长期饱受战乱，宋朝工匠不愿为金朝服务，纷纷向南逃避战乱，北方的陶瓷生产基本上处在荒废状态。一直到金世宗完颜雍南北修好，宋金停战，社会安定，百姓安居乐业，金朝经济得到恢复和发展，陶瓷业也得到一定程度的恢复，金代中原地区在大定年间及以后发展起来的陶瓷窑有河北曲阳定窑，磁县观台窑及河南禹县钧窑，陕西铜川耀州窑等。

金代是和宋、西夏同时并存的政权，这一时期的宋代传统制瓷工艺发展到了一个非常繁荣昌盛的时期。宋代瓷器，以其古朴深沉、素雅简洁，同时又千姿百态、各竞风流的气象为中国劳动人民在世界工艺发展史上矗立起一座让世人景仰的丰碑。金代属游牧民族，手工业发展滞后，陶瓷制作工艺落后于宋代，陶瓷工艺粗糙，观赏性和艺术性较差。但是，金代的陶瓷业对我国的陶瓷业也做出了一定贡献，在金世宗执政的近三十年间社会经济得到恢复和发展，陶瓷业也得到一定程度的恢复和发展。北方的定窑系、钧窑系、磁州窑系、耀州窑系能继续生产，尽管产品各方面都比不上北宋的产品，但北宋荒废的窑场和濒临失传的工艺得以抢救，致使后代人能继承北宋中原的陶瓷工艺。另外，金代的熟练窑工和画工在战乱中南逃，南逃的陶瓷业工匠大部分在景德镇安定下来，生儿育女，生根开花，为繁荣景德镇的陶瓷业和元青花的诞生起了一定的作用。

地震铭文砖和地震刻石

地震史料"双璧"

> 黑风笼罩了平凉府及其以西广大区域,地下发出如雷的响声。

　　我国的现代地震学从各种地震史料档案的收集、整理、分析研究中起步,经过多年积累逐步发展成由各学科交叉、渗透的现代地震科学。在历史地震学的研究中,地震石刻碑文史料起着重要而有益的补充和修订作用,它们往往出现在地震的极震区或重破坏区,刻写者大都又亲身经历了地震的劫难,因而,这种石刻档案就具有很高的可信度和重要的参考价值。宁夏固原博物馆珍藏有地震铭文砖和地震刻石两块地震实物资料,均为国家一级文物。它们的内容记载、补充和修订了公元1219年发生在我国固原、平凉、静宁等地的一次大地震的史料记载的不足。根据《金史·宣宗纪》和《金史·五行志》记载:在金宣宗兴定三年四月癸未(十八日,即

地震铭文砖

金（1115—1234）
边长38厘米，厚6厘米
1979年出土于宁夏周原城南门

1219年6月9日），陕右一带黑风昼起，有声如雷，顷之地大震，平凉、镇戎（今宁夏固原）、德顺（今宁夏隆德）尤甚。庐舍倾倒，压死者以万计，杂畜倍之。依据这些史料记载，我国地震部门在过去出版的各种地震目录中，均将本次地震的发震日期定在1219年6月9日（兴定三年四月癸未），震级为6级，震中烈度8~9度，震中在固原、隆德、平凉三地相接的中心地带。

1979年6月9日，几名中学生在固原城南门西侧玩耍时，在已倾圮的内城墙壁上发现一块刻有铭文的方砖。就是这个偶然发现，修订了已成定论的1219年固原地震发生的时间。这块铭文方砖棱角四正，正面较为平整，背面粗糙，有一右手印记，手印粗大，估计是制砖工人留下的。砖的正面刻有文字17行，每行21至25字不等，共计342字，字迹工整，清晰可辨，只是右上角略有损伤，有几字不清，铭文如下：

> 维□□□□□□初□日，忽有达贼入境，将各处人口杀死、掳去，官私头畜、家财尽行抢掠，不下万计，军民惊散，苦不堪言。有陕西苑马寺长乐监监正王，为因本处民无保障，申奏朝廷，敕镇守陕西兴安侯徐、左都御史陈、差委右布政使胡、按察司佥事韩、都指挥佥事荣、平凉府太守张、苑马寺寺丞党、平凉卫指挥马、甘，会同监正王，督集各所属官员人匠军民夫五千余人，于景泰二年七月二十二日兴工重新修补。掘出方砖一块，上刻大金兴定三年六月十八日巳时地动，将镇戎城屋宇摧塌，兴定四年四月二十一日，差军民夫二万余

人兴工修筑，五月十五日工毕。既见古迹，可刻留传。景泰二年八月终，工完。虽劳众力之艰辛，永为兆民之保障，上愿：

皇图巩固，德化万方，虏寇潜藏于沙漠，臣民康乐于华夷。

国泰民安，时和岁捻，思王公惠民之心，德无酬报，刻斯为记，千古留名。

景泰二年岁次辛未九月初一日

陕西苑马寺带管黑水口总甲刘彬、张纯刻

铭文砖的内容记载了明代景泰二年（1451）鞑靼入侵固原，陕西苑马寺官员会同地方官员修筑固原州城之事及参与的许多官员，为研究明代本地的官职、各部门之间的关系、马政官员等提供了资料。同时记载了金兴定三年（1219）六月发生在固原的大地震，显然与金史记载的四月十八日地震时间不符，这就引起了考古界、史学界和地震学界的高度重视，各种争论时起时伏。有人认为1219年固原可能在四月和六月发生过两次地震，也有人认为发生过一次地震，《金史》中的四月癸未应是六月十八日之误。

无独有偶，就在1219年固原地震时间难以定论的时候，富有戏剧性的事情出现了。1994年，也就是固原城墙上地震铭文砖发现后的15年，在固原东岳山鲁班庙遗址中人们又发现了一块刻于明嘉靖十年（1531）的地震刻石，该刻石呈长方形，黄沙质地。正面竖刻铭文，从右至左12行，160余字，铭文四周刻有回旋纹。铭文如下：

地震刻石

明（1368—1644）
长32.5厘米，宽25.6厘米，厚8厘米
1994年出土于宁夏固原东岳山鲁班庙遗址

维大金兴定三年己卯六月十八日，巳时地动，自西北向此东南。镇戎城壁、屋宇尽皆摧塌，黎民失散。至兴定四年四月二十一日，兴上左军民夫二万余人再行修筑，至五月十五日工毕。复旧有总领都提控军马使，镇戎州太守监修。德政无私，军民皆伏，使西戎不敢侵犯，安，居民复归本业。虽劳一州之众力，已成千古之基业。以奉皇上之圣德。庚辰岁五月十五日勒石壁左至。

大明嘉靖十年十一月朔日，信士蒲璋恐岁久湮灭，以石易砖，重拜，勒于壁右。

这块地震刻石的发现非常值得庆幸，它记载的内容与地震铭文砖的内容大致相同。从刻石的时间上看，是庚辰五月十五日，而庚辰岁正是兴定四年，也就是地震后第二年，内容也是记载了金兴定三年已卯六月十八日镇戎城地震和兴定四年修筑的情况，与固原城墙出土的地震铭文砖互为印证，堪称地震"双璧"，是研究我国古代地震的重要实物档案资料，砖铭中记载的六月十八日地震与《金史》记载的四月癸未（十八日）地震应为一次地震。那么，究竟哪个时间更为准确呢？显然，地震铭文砖和刻石应该是真实可信和最有说服力的。

根据这两块地震实物资料和《金史》等史料的记载，我们可以透过历史的风尘清晰地勾勒出1219年大地震的基本情况。1219年8月7日11点左右（兴定三年六月十八日巳时），黑风笼罩了平凉府及其以西广大区域，地下发出如雷的响声。接着，大地发出了剧烈的摇动，平凉、镇戎、德顺最为严重。震区内房屋倒塌，上万人被压死，各种牲畜死亡数超过一半。镇戎作为军事重镇，城墙倒塌，尽快修复被震毁的城垣刻不容缓。于是兴定四年四月二十一日，总领提控军马使、镇戎州太守亲自监修，动用一州之劳力，调集军队、民工2万余人对城郭进行日夜修筑，20多天工毕，军民皆有所栖之处。偶然发现的两块地震碑文，修正了正史之误，使人们对1219年地震有了更科学的认识。

三关口筑路碑
弥足珍贵的八分书碑刻

这通三关口筑路碑具有显著的书法艺术特点，是吴大澂就任陕甘学政期间，路过此地有感而写，显现了他的书法艺术成就。体现了清代对八分书的继承和发展，具有浓郁的时代气息。

话说"八分书"，最早见于蔡文姬《石宝书势》一书记载，"割程隶八分取二分，去李篆二分取八分，是为八分书"。也就是说，这种书体吸取了程邈所作隶书的二分和李斯所作小篆的八分，隶篆结合形成的书体。还有一种说法，八分书是隶书的一种，字体似隶而体势多波磔，向左右分开，"渐若八字分散"，把带有明显波磔特征的隶书称为"八分书"。其产生后，东汉时期广为流传，在中国境内至今遗留有东汉时的《开通褒斜道刻石》《石门颂》《杨淮表记》《汉泰山都尉孔君之碑》《汉武都太守汉阳阿阳李翕西狭颂》《汉溧阳长潘干校官碑》《汉合阳令曹全碑》《汉张迁碑》等实物名碑，笔锋风韵艺雅，字字华彩，古朴、浑厚、奇逸，境界高邈，令人叹为观止。唐代官方虽然统一使用楷书，但唐代秘书省下设有校书郎，专门负责正校典籍，刊正文字，其中设有专人校勘《石经》和碑碣中的八分书。宋元时期八分书也有使用。今人周汝昌先生对八分书的流变过程进行了总结："'八分'是汉隶晚期的加以新改进、演变的一种书体，再历三国、魏、晋，到东晋王羲之又'始变古法'确立真书之体，大致脉络可窥。"

这个"八分书"，还颇有特性，形成独到的八分笔法。在笔画上，抑制直画而放纵波画之势，向左右发笔，横、撇、捺三种笔画达到三分之一后顿笔，愈顿笔愈肥，横与捺改用提笔向上略挑，竖和撇走笔略提，笔画形态方笔渐多，长画末端多用挑法，形成上仰的撇脚式尾巴，横和捺呈微波起伏之势。在形体结构上，简洁凝练，多呈扁平状，蚕头燕尾，波磔明显。在运笔上，用肘书写，平画斜结，增强了艺术性，改变了篆体笔画向一个中心点拱卫的布局，而向四面八方分布与铺展，不再是万画同一匀停的单线法，出现了轻重、放敛、转侧、起落、顿挫，丰富了中国书法艺术性，是对隶书的艺术加工和美化。杜甫在《李潮八分小篆歌》夸赞八分书说："八分一字直百金，蛟龙盘拏肉屈强。"其历史和艺术价值之高可见一斑。

犹如这样宝贵的实物，就在宁夏固原博物馆石刻馆可以看到。石刻馆内陈列着一通弥足珍贵的八分书碑刻——吴大澂手笔《三关口筑路碑》。该碑早年镶嵌在距固原县城南45公里处的三关口石崖上，1981年，固原县文物工作站的一名杨姓先生得知该碑消息后，骑着自行车，不辞辛苦，

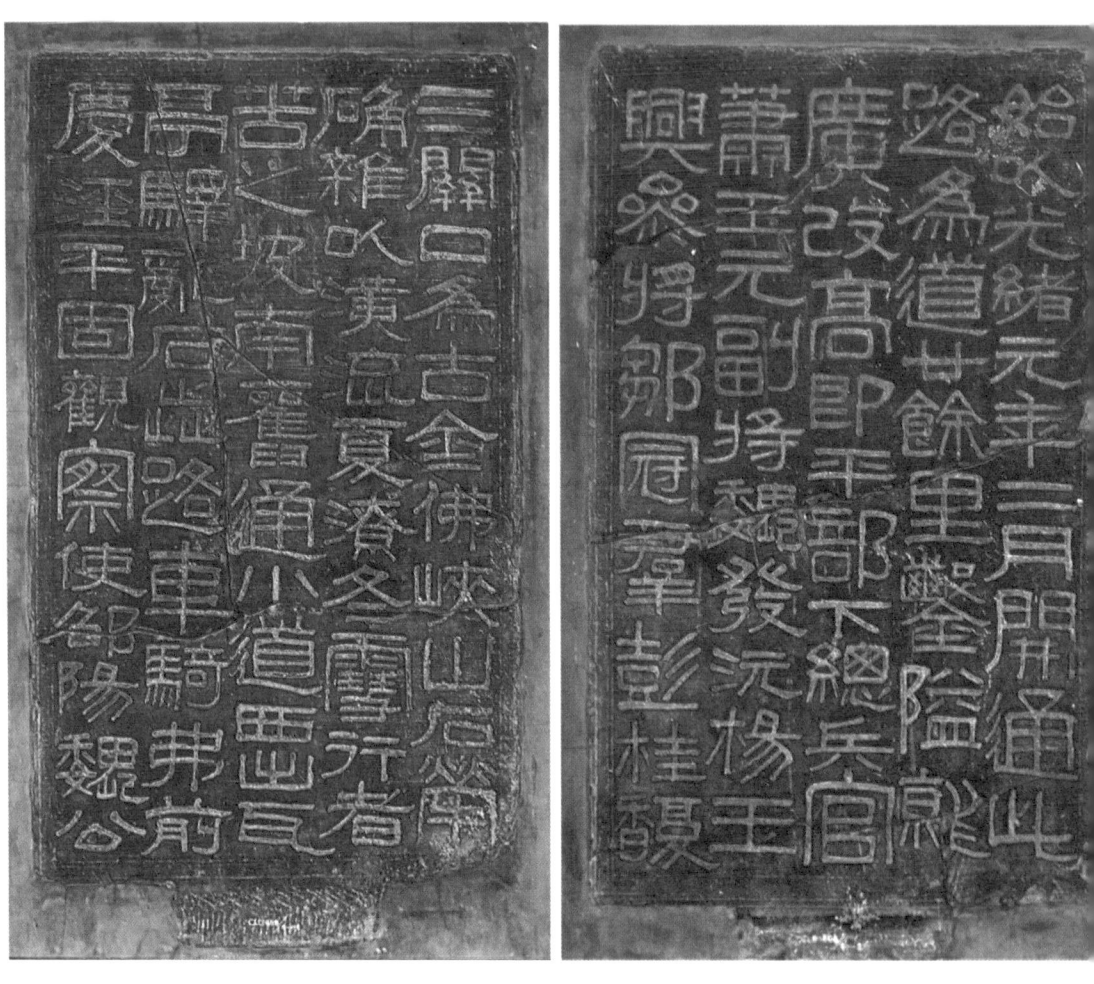

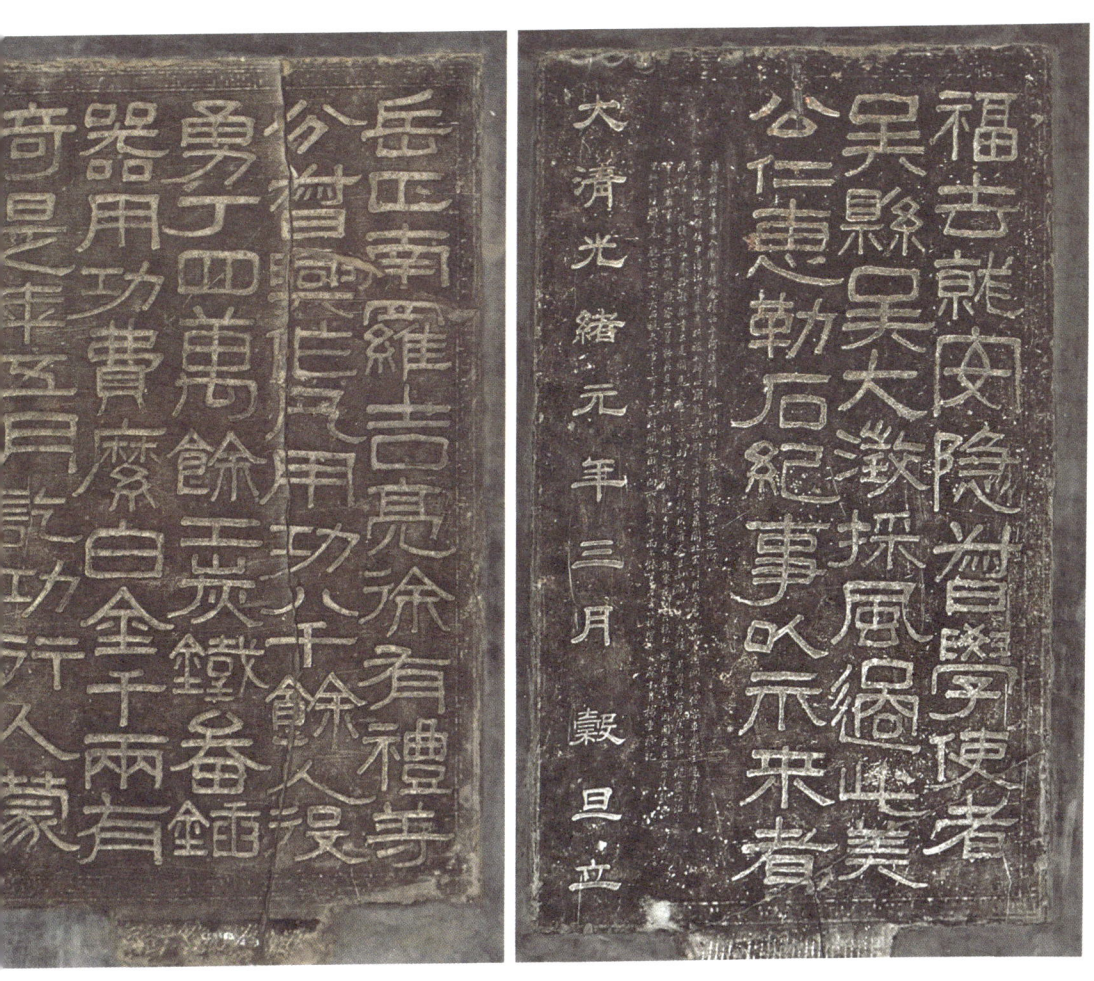

三关口筑路碑

清（1616—1911）

碑身高127厘米，宽304厘米，厚10厘米

三番五次劝说农户，农户终于答应将其上缴国家收藏，杨先生遂雇用一辆手扶拖拉机把该碑拉回了固原县文物工作站，石碑终于回到了国家收藏单位的怀抱，得到了永久保护。1996年8月，经国家文物鉴定委员会专家鉴定，定为国家一级文物。该碑为青石质地，整体由四块大小相等的独立石碑组成，颇有气势。碑的正面刻字，前三块每块竖刻五行文字，第四块三行，全文完结后落空，落空处刻有后补写的"跋后"。碑文由吴大澂撰写，内容主要颂扬泾、庆、平、固观察使魏光焘率领将士修筑三关口道路的功绩。这是反映吴氏书法艺术难得的实物资料，是宁夏现存唯一的八分书碑刻，在国内同类实物也是罕见的。

说到碑文作者吴大澂（1835—1902），他是清末著名的金石学家、文字学家、书法家。字清卿，号恒轩，晚号愙斋，江苏吴县人，清同治六年（1867）考中进士。后出为陕甘学政，正逢陕西一带发生饥荒，他奉命办理赈务，亲临灾区，了解灾情，解决人民的实际困难，深得民心，得到了朝廷许多官员的称赞。光绪六年（1880），朝廷授他三品衔随吉林将军铭安办理边防事宜，他亲自勘查地界，对吉林东部国土被俄占领，并暗中偷移界碑、明里公然侵占、设兵设卡等事宜，向俄方提出了抗议。光绪十一年（1885），他任都御史钦差赴吉林，会同珲春副都统、边务邦办依克唐阿与沙俄再次会勘东部边界。次年，与俄方勘界代表、滨海省省长兼司令巴拉诺夫在俄境内岩柯河举行了勘分边界会谈，他据理力争，揭穿了沙俄的诡计，收回了被俄占领的珲春黑顶子百余里的土地，并争得了中国船只在图们江口的航行权,为捍卫祖国的领土不受外国侵占作出了贡献。光绪二十年(1894),中日甲午战争爆发,清军一战即溃,致使日军气焰嚣张,侵入我国东北,逼近山海关,清政府大惊。他时任湖南巡抚,挺身而出,请率湘军赴前线抗敌,表现出了爱国情怀。后来朝廷命他作为湘系军队副帅出关抗日,由于将令不一与军队腐败,全军溃退。他惭愧无比,愤湘军尽覆,拔剑欲自裁。光绪二十四年(1898),朝廷降旨革职,永不叙用,结束了政治生涯。但在学术与书法方面,他造诣颇深,善鉴别,喜收藏,精于金石学和古文字考释,工篆刻、书画。曾搜集钟鼎、玺印、陶器、货币上的文字,撰写了《说文古籀补》,是一本根据金石资料写成的重要的古文字著作,为后来的古文字学奠定了基础。又集录所藏各家彝器铭史拓本为《恒轩所见所藏吉金录》,为兴起于宋代的金石学研究、发展作出了贡献。另撰有《古玉图考》《权衡度量考》《愙斋诗文集》等著作,给后人留下了宝贵的文化遗产。他的晚年生活艰苦,贫病交加,经常"售书画古铜器以自给"。在书法上,他能书善画,擅长篆书,中年后参以古籀文,并喜用籀体作书,开创书法史上的先例。他的篆书吸收钟鼎铭刻精意,是直接学习古器书法的第一人。但是他的书法作品在全国留传下来的寥寥无几,在勘查东北边界时,篆"龙虎"二字,为"龙虎"碑,立于国界边境。现藏故宫博物院的《篆书诗轴》为其篆书代表作,现存的《三关口筑路碑》是其唯一存世的"八分书"。

这通《三关口筑路碑》具有显著的书法艺术特点,是吴大澂就任陕甘学政期间，路过此地有感而发而写，显现了他的书法艺术成就。首先，体现了清代对"八分书"的继承和发展，具有浓郁的时代气息。清代乾嘉时期，由于种种社会因素的影响，致使金石学、训诂学、碑学兴起，八分书进入了书法家的视野，出现了研究、临摹八分书的学者，并留下了八分书的艺术成果，吴大澂便是之一。在书写该碑时，根据自己的意趣，极尽变化之能事，远宗汉隶，但并不一味摹拟汉隶，变化汉隶，改变汉隶，或取篆籀笔势，或运用行草笔意，或掺以籀篆，真可谓神奇变幻，不可方物，充分发挥了自己的特长，把篆书笔势有机地糅合于隶书之中，笔体处处带有篆书意韵，遒劲有力，美观大方。真可谓表现出了他在书法、文字方面深厚、扎实、凝重的基本功。其次，整体结构排列打破了明清以来隶书的排列风格。明清以来隶书作品，字体扁方匀整，波磔划一，竖有列、横成行、列间挤、行间宽，规格整齐划一。而该碑没有受其束缚，在排列结构上，每块石碑竖排五行文字，满行为11字，有些行只有9字或10字，每个字体大小、长短、扁方均不统一，左右对称错落参差，洒脱大度，潇洒自如，自然天成，与传统风格迥然不同。再次，书法奇劲，结体宽博、横平竖直，波磔不显，中锋用笔，以篆作隶，变圆为方，削繁就简。还有落款颇具自己的风格，吴大澂主要写篆书，但经常用隶书作款，方正平实。该碑落款的11字，在第四块的近边处，笔无篆味，波磔有形，体势匀整、均等，集中体现出了清人隶书的模式与风格。

碑文中所颂扬的庆、泾、平、固观察使魏光焘，湖南邵阳人，与魏源同出一族。清同治末年与光绪初年以观察使的职衔就任于固原及附近地区。在任期间，在固原境内做了几件为后人称颂的事情，修筑三关口段道路、修缮瓦亭要隘、重修固原文庙等，在地方开发史上具有重要意义。

三关口自古以来就是宁夏固原通往甘肃平凉的要隘，地理位置十分重要。在魏光焘到任之前，经过关口的道路年久失修，行者苦之。魏光焘看到这种情形，决定恤民力顺民情，动员百姓，与自己的部下合作，重新修筑这条道路。他带领民众于1874年动工，从今天平凉地区的安国镇北上一直修到关口，长30余里，4个月后完工，使过往行人避免了阻滞之心患。吴大澂立碑颂扬，"行人蒙福，去就安稳"。魏光焘还于1877年增筑加宽了三关口长约1500米的关隘要道，使关口道路宽度达到两轨并驱，在地区交通史上填写了一项新内容。

重修固原城碑记拓片
平面呈『回』字形的宏伟城池

若是静下心来,固原城的历史就会浮现脑海。固原是古丝绸之路东段北道上的重镇,历史上"左控五原,右带金兰,黄河绕北,崆峒阻南,据八郡之肩背,绾三镇之要膂"。可见地理位置何等重要。

今人若细说宁夏固原古城,大凡听闻者终会扼腕叹息。

20世纪70年代初期,固原古城以内外两重城墙、平面呈回字形完整的宏伟城池屹立于清水河西岸,每当夏秋之际,生活在古城的广大干部群众,利用闲暇之余,三五成群地结伴漫步游娱在城墙之上,鸟瞰固原城周山川之秀丽景色。这样的美好景况一直持续到1972年,时年兰州军区派员来固原检查战备工作时,以"不利于战备"为由,为了利用城墙包砖修筑地下防空洞,加强战备,便开始拆除城砖,后来只留下了不易拆除的残垣断壁和利用墙体作为羁押犯罪分子看守所的城之西北角,其余内外城全部拆除殆尽。一座历经千年而兴修的雄伟古城,毁于一念一朝一夕之间。

今天，我们要知悉固原古城的历史和风貌，只能从浩瀚的文献和遗存的实物资料中搜寻踪迹，现藏于宁夏固原博物馆的《重修固原城碑记》拓片当属非常重要的一件实物见证。《重修固原城碑记》人称那公碑，刻于清嘉庆十七年（1811）。该碑是时任陕甘总督的那彦成应有司之请，力排众议，奏请朝廷，用以工贷赈的办法有计划地对固原古城加固维修后的抒怀之作。当时碑记刻成后立于固原武庙门前台阶下，民国时期拓展街面时移于台阶上的大院内。可惜碑身毁于"文革"中，碑头完整，碑文仅留存一张民国时期的拓片，与碑头同藏于宁夏固原博物馆，原州区图书馆藏有一本裱成装订的拓片册。碑头上两角刹去，呈圭形。碑额为两行阴刻小篆"重修固原城碑记"八字。碑额两侧各线刻游龙一条，二龙首攒集于额顶，共拱一火珠，即"二龙戏珠"图案，象征吉祥安泰。碑额下部饰水波纹，水波纹是中国传统雕刻中常见的修饰花纹，由水波抽象、变形而来，给人流动而富有生机之感，其表层寓意美好，如财源滚滚、吉祥如意等，深层则蕴含着深厚的哲学内涵，如老子对水之至柔本性的推崇"水善利万物而不争""上善若水"。从碑首的书法与刀法可见书写者与篆刻者的深厚功力，碑文17行，行满48字，全文700余字。碑文为行楷体，为当时典型的馆阁体，字字清秀匀整，笔笔劲健流畅，气韵流动自然，一气呵成，令人赏心悦目。由于碑身被毁，《碑记》的拓片遂成为难得的珍品，拓片的原收藏者为固原博物馆的一名宋姓职工，他深知其历史价值和重要性，所以于1996年初将拓片捐献给了自己所从业的固原博物馆，难能可贵。同年7月，

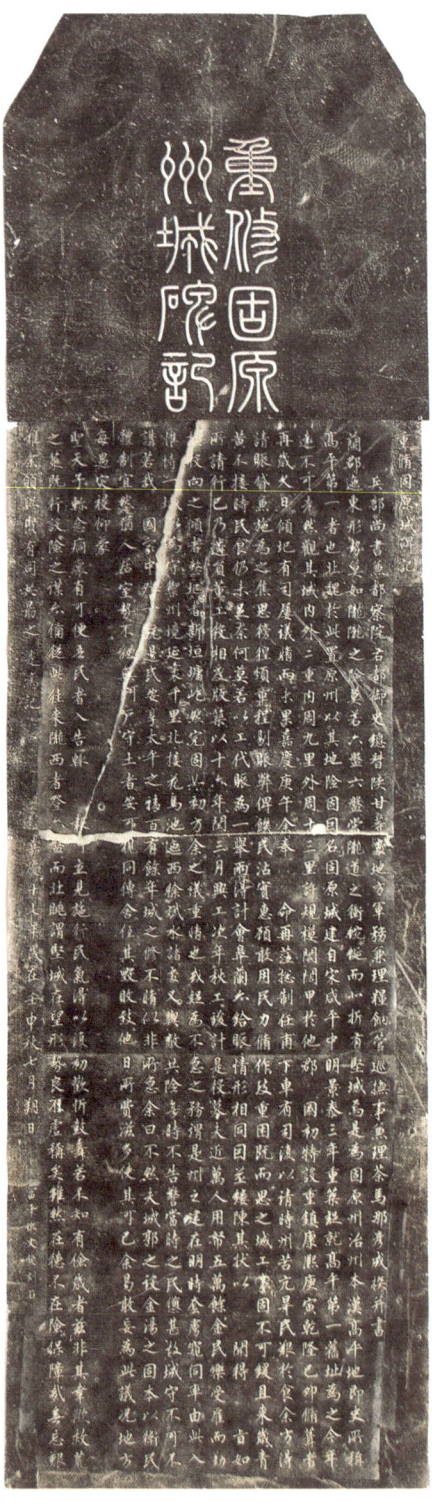

《重修固原城碑记》拓片

国家文物鉴定委员会就将其定为国家一级文物。

赏析《重修固原城碑记》拓片，就可知固原古城的历史及其在历史上重要的军事地位和加固维修固原城的必要性，并可了解作者以"守土者"应以民为本的情操与修整固原城后的欣喜之情。

固原城池的形成，是悠久历史发展的产物，西周宣王曾"料民于大原"，即今固原及其毗邻区域。战国秦时，在这里置乌氏县。西汉武帝元鼎三年（前114）始筑固原城，兴建之初就作为安定郡郡治显示出了区域政治、交通、

固原古城外城南门旧照

文化、军事的中心地位。后历经十六国、北魏、北周、唐、宋、金等朝代的不断维护与增筑，城池逐步趋于完备。至明代，固原是朝廷在北方边境地带设置的九个军事重镇之一，谓之固原镇，也是陕西三边总督驻制之地。明朝加强了固原城防，并对固原城多次修缮。在明景泰三年（1452）对内城进行一次修葺，成化五年（1469）又增筑了内城，弘治十五年（1502）三边总督秦纮筑外关城，万历三年（1575）三边总督石茂华在任时，对固原城的外城墙加以包砖，固原城的最后格局和形制基本定形，形成了具备内外两重城墙的"回"字形格局。清康熙四十九年（1710）驻固的镇绥将军潘育龙增修固原城，嘉庆十六年（1811）那彦城又重修，光绪三十二年（1906），固原提督张行志、知州王学伊又加补修。至此，固原内城修垛墙1046座、炮台18座，外城修垛墙1573座、炮台31座。1933年，中央陆军第十七师四十九旅补充团团长黄兆华再葺，对垛墙、炮台、敌楼进行了加固维修。由于历代不断保护维修加固，致使固原城治城坚如磐石，内城墙周长九里三分，即4650米，高三丈五尺，顶宽二丈二尺，底宽三丈八尺。外城墙周长十三里七分，即6850米，高三丈六尺。内外城共开有10道城门，其中东城门三道，有名者二，曰安边、保宁；南城门四，有名者二，曰镇秦、兴德；西城门二，有名者一，曰威远；北城门一，曰靖朔。一座形制独特、规模宏大、蔚为壮观的西北名城屹立于清水河畔。

一个城市的文脉，总是在"新"与"旧"的张力中生存并发展。没有了"旧"的东西，历史被割断了，文脉也无从谈起。没有古建筑见证城市的历史,这个城市的文化脉络就没有了底蕴。雄伟的固原古城,完整性真实性虽遭到破坏,但作为城市遗址,蕴藏着丰富的历史信息,具有深厚的文化内涵。今天,我们为了传承中华优秀传统文化,保护利用好文物资源,不遗余力加强保护固原古城遗址以及城内存留的城隍庙、财神楼、文澜阁三处古建筑。经过多年的修缮,这些古迹傲立于固原,一展昔日的雄姿。

若是静下心来,固原城的历史就会浮现脑海,固原是古丝绸之路东段北道上的重镇,历史上"左控五原,右带金兰,黄河绕北,崆峒阻南,据八郡之肩背,绾三镇之要膂"。可见地理位置何等重要。这里还是关中通往塞外的咽喉要道,长期进行着南北不同民族纷争、东西文化冲撞。听见一曲悲怆高亢的花儿秦腔,仿佛遥遥可见古老秦帝王和汉武帝巡视的马车仪仗。秦皇北上汉武帝西巡,都是为了一个更强大帝国的梦想,单于南下,游牧人的马背负驮着匈奴人生命的希望……在固原城的发展史上,留下了多少历史人物与这座城的故事,可以说政治、商贸、军事、文化、官吏各色人等大大小小不计其数,清代大学士阿桂之孙、《重修固原城碑记》的撰写者、陕甘总督那彦成应该算是其中之一。

那彦成,乾隆二十八年(1763)出生,字绎堂,号韶九、东甫,出身显贵,满洲正白旗人,是大学士阿桂之孙。乾隆五十四年中进士,选庶吉士,授编修,直南书房,四迁至内阁学士。嘉庆三年,命在军机处行走。后迁工部侍郎,调户部,兼翰林院掌院学士,又擢工部尚书,兼都统、内务府大臣。表面看,那彦成官运亨通,手握权柄,然而,风光的官衔背后

清代固原城复原模型

却是险恶的政治，最终他以"误国肇衅，褫职"而结束了仕途。两年后，即道光十三年（1833），那彦成抱恨而卒，死后，清宣宗皇帝追念那彦成在西北平定少数民族叛乱有功，补"赐尚书衔，依例赐恤，谥文毅"。他工诗能书，遇事有执持，于权要无所屈。他曾于嘉庆九年（1804）、嘉庆十四年（1809）、道光二年（1822）三次赴任陕甘总督，任期内为陕甘百姓办了不少实事。《重修固原州城碑记》是他第二次任陕甘总督时，主持重修固原州城后所作。未来的日子里，固原人将可以在残缺而古朴的城墙下散步、沉思、遐想，充分享受历史与时代的赐予，从仅存的承载着固原跌宕起伏历史的古城墙中，感受着历朝历代知名或不知名的"固原人"的功绩与奉献，其中那彦成的一份功劳是不会被忘记的。